LES GRANDS COMPOSITEURS

BEETHOVEN

LES GRANDS COMPOSITEURS

BEETHOVEN

Texte original de Robin May
Adaptation française de Henriette Botton-Colombo

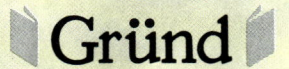

GARANTIE DE L'ÉDITEUR

Pour vous parvenir à son plus juste prix, cet ouvrage a fait l'objet d'un gros tirage. Malgré tous les soins apportés à sa fabrication, il est malheureusement possible qu'il comporte un défaut d'impression ou de façonnage. Dans ce cas, ce livre vous sera échangé sans frais. Veuillez à cet effet le rapporter au libraire qui vous l'a vendu ou nous écrire à l'adresse ci-dessous en nous précisant la nature du défaut constaté. Dans l'un ou l'autre cas, il sera immédiatement fait droit à votre réclamation.
Librairie Gründ - 60 rue Mazarine - 75006 Paris

Adaptation française de Henriette Botton-Colombo

Texte original : Robin May

Première édition française 1990 par Librairie Gründ, Paris
© 1990 Librairie Gründ pour l'adaptation française
ISBN : 2-7000-5505-5
Dépôt légal : Avril 1990
Édition originale 1990 par The Hamlyn Publishing Group Ltd, département de The Octopus Publishing Group
sous le titre original **Beethoven**
© 1990 The Hamlyn Publishing Group Ltd

Photocomposition : P.F.C., Dole
Imprimé par Mandarin Offset, Hong Kong

SOMMAIRE

LES VINGT PREMIÈRES
ANNÉES
7

LA PREMIÈRE PÉRIODE
VIENNOISE
15

LA CÉLÉBRITÉ
35

LES DERNIÈRES
ANNÉES
49

LA MUSIQUE
71

INDEX
94

LES VINGT PREMIÈRES ANNÉES

Né au sein d'une famille de musiciens, avec une petite enfance bientôt assombrie par des conflits familiaux, Beethoven laissa paraître son génie avant la fin de sa dixième année.

Ludwig van Beethoven naquit le 17 décembre 1770 ; il fut baptisé le lendemain, à Bonn, dans l'actuelle Allemagne de l'Ouest. Pendant de longues années il crut être né en 1772, car son père, personnage dur, souvent ivre, falsifia sa date de naissance pour donner l'impression que le jeune Ludwig était un enfant prodige comme

Page précédente : *La maison natale de Beethoven à Bonn est devenue un musée ainsi qu'un haut lieu dédié à sa mémoire. Il naquit au sein d'une famille de musiciens dans une ville dotée d'un long passé musical.*

Ci-contre : *Bonn à l'époque de Beethoven.*

LES VINGT PREMIÈRES ANNÉES

Mozart. Sa mère était extrêmement différente de son père. C'était une femme affectueuse, mais peu encline à rire et à témoigner de la gaîté. Il semble d'ailleurs qu'elle ait eu peu de motifs de se réjouir.

« Semble » est bien le mot-clé, car la jeunesse de Beethoven reste obscurcie par un faisceau de légendes contradictoires, spécialement en ce qui touche à son père. Était-il un brave homme doublé d'un professeur de musique éclairé, ou bien tenait-il plutôt d'un tyran, capable, dans le but d'exploiter les talents manifestes de son fils, de le tirer du lit pour le faire étudier nuit et jour ? Il est probable qu'il fut un mélange des deux.

Beethoven était le second de sept enfants. La famille était d'origine flamande. Il ne faut pas confondre leur « van » avec le « von » aristocratique. Dans sa biographie du compositeur, Marion Scott a suggéré que la famille devait avoir du sang espagnol, ce qui, à la vue de certains des portraits de Beethoven, semble une chose possible. Les Espagnols avaient occupé les Pays-Bas pendant de longues années, spécialement les régions catholiques, où avait vécu la famille du musicien. Marion Scott citait à l'appui de cette opinion l'ouvrage d'Ernest Closson, *L'Élément flamand dans Beethoven*, et faisait aussi remarquer sa grande fierté et son caractère emporté.

Le grand-père de Beethoven était un homme très respecté, doué d'une belle voix de basse. Il quitta la ville de Mechelen où il avait été un homme d'affaires florissant, mais également chanteur, et, après d'autres activités, gagna Bonn, où il occupa une position de basse à la Chapelle de l'Électeur. Il faisait partie des chœurs de l'archevêque-électeur de Cologne, qui résidait à Bonn, et s'éleva au poste de maître de chapelle.

Les Électeurs étaient le plus souvent choisis parmi des cadets de sang royal, légitimes ou bâtards, reconnus par le pape, le souverain du Saint Empire romain germanique et d'autres autorités ecclésiastiques. Les principautés ecclésiastiques étaient dirigées avec plus

Ci-contre : Le père de Beethoven était un bon musicien et espérait que son fils ferait une carrière d'enfant prodige.

LES VINGT PREMIÈRES ANNÉES

de tolérance que les principautés séculières. Quelle qu'ait été leur orientation, la musique en était par bonheur un élément obligatoire.

Johann, le père de Beethoven, naquit probablement en 1740, et fut un bon musicien, quel qu'ait pu être son caractère. Le jeune Ludwig était son second fils, le premier n'ayant survécu que cinq jours. Johann eut cinq autres enfants, mais deux seulement atteignirent l'âge adulte : Caspar et Nikolaus. Beethoven quitta l'école à l'âge de onze ans, ce qui explique son manque d'habileté en orthographe, en écriture, de même qu'en arithmétique. Il ne sut jamais correctement faire des multiplications. Et, pire, aux yeux de sa famille, fut le fait qu'il ne parvint pas à devenir un enfant prodige. Il semble que son père ait été un professeur sévère, certainement très difficile. Ses exigences étaient-elles déraisonnables au point de faire de lui un tyran, un monstre capable d'enfermer Ludwig dans la cave, nous ne serons vraisemblablement jamais en mesure de le savoir.

UN EXCELLENT PROFESSEUR

L'année 1779 fut importante pour Beethoven, car son père cessa alors d'être son seul professeur. Tobias Pfeifer, un bon musicien, lui donna des leçons alors qu'il

Ci-dessus : La mort de sa mère fut très durement ressentie par Beethoven.

Ci-contre : Christian Gottlob Neefe fut un remarquable professeur pour le jeune Beethoven, qui devint son assistant et le remplaça quelquefois alors qu'il était à peine âgé de douze ans.

LES VINGT PREMIÈRES ANNÉES

logeait sous le toit des Beethoven, et un ami lui enseigna le violon et l'alto, mais l'événement majeur de cette année, pour Beethoven, fut de se trouver confié à un excellent professeur, Christian Neefe, le directeur musical de la troupe du théâtre de l'Électeur. En 1781, Neefe était l'organiste de la Cour et l'année suivante Beethoven devint son assistant, ainsi que son « représentant » lorsque quelque affaire éloignait Neefe. Il n'avait pas encore douze ans.

Neefe, non seulement lui dispensa son enseignement, mais écrivit aussi à son sujet dans l'influent journal qu'était le *Magazin der Musik*. Dans le numéro du 2 mars 1783, Neefe louait le talent et la puissance du jeu pianistique de Beethoven, ainsi que de sa lecture à vue et signalait que Beethoven s'essayait à la composition. Il révélait que le jeune garçon avait écrit neuf variations sur une marche d'Ernst Dressler et faisait remarquer son futur génie. Il espérait que Beethoven voyagerait. Si il continuait comme il avait commencé, ce serait un second Mozart.

Le destin, qui asséna si souvent à Beethoven tant de coups sauvages, lui fut bienveillant en cette circonstance. On le remarqua. Il commença de remplacer le maître de chapelle lorsqu'il était absent, devenant même temporairement le claveciniste de l'orchestre. Cela lui permit de se familiariser avec le répertoire d'opéra. D'une manière comme d'une autre, 1783 fut donc pour le jeune homme une *année miraculeuse*, modeste mais de grande portée, car trois sonates, toutes pour le piano, furent aussi publiées.

Alors qu'il travaillait pour Neefe – et bien qu'il soit devenu l'assistant de l'organiste de la Cour, il ne recevait pas de salaire. La mort de l'Électeur aurait pu couper court à ses espoirs d'avancement, car le Nouvel Électeur était un homme puissant, étant le frère de l'empereur Joseph II – dont le mot d'ordre était « Économie ». Le salaire de Neefe fut réduit. Cela fut cependant bénéfique à Beethoven qui reçut un salaire convenable. Il n'était pas surchargé de travail et avait même du temps pour composer.

Bien que le frère de l'empereur en assumât désormais la direction, la ville de Bonn restait un endroit retiré. Beethoven vécut un drame personnel lorsque sa mère bien-aimée mourut, et la carrière de son père commença de se défaire, ceci en partie à cause de l'usure de sa

Ci-dessous :
L'Archiduc Max-Franz arrivant à Bonn en 1780 ; peinture de F.J. Rousseau.

LES VINGT PREMIÈRES ANNÉES

Ci-contre : Le célèbre tableau d'Eugène Delacroix, La liberté guidant le peuple, *bien que peint en 1830, « prolonge » l'esprit de la Révolution française de 1789 qui bouleversa la vie de toute l'Europe.*

voix. Mais la propre étoile de Beethoven était en train de monter.

La conviction de Neefe selon laquelle Beethoven devait voyager se réalisa en 1787, avant que sa mère ne mourût. Il se rendit à Vienne. Ses supérieurs durent donner leur approbation et il quitta Bonn. Il paraît certain qu'il rencontra Mozart et joua pour lui, et la tradition veut qu'il en ait reçu quelques leçons. Mozart aurait prédit que le jeune homme se ferait un grand nom. Beethoven dut cependant repartir en hâte pour Bonn lorsqu'il apprit que sa mère était malade. Il la trouva en train de mourir de la tuberculose. Cela fut un choc terrible pour ce jeune homme solitaire, qui se la rappelait avec amour, la considérant comme sa meilleure amie. Par ailleurs son caractère s'affirma publiquement, car de lui-même, il se déclara chef de famille et réclama, puis obtint, la moitié du salaire de son père pour pouvoir s'occuper de ses frères.

Ce fut peut-être malgré son chagrin le début d'une période parmi les plus heureuses de sa vie. Il était maintenant altiste dans l'un ou l'autre orchestre, celui de la chapelle et celui de l'opéra, et se fit parmi les musiciens quelques bons amis qu'il conserva, en particulier Franz Ries, qui devint son élève en même temps que son biographe.

LES VINGT PREMIÈRES ANNÉES
PREMIÈRES COMMANDES

Lorsque parvint à Bonn la nouvelle de la mort du « despote éclairé » Joseph II, Beethoven fut chargé de composer une cantate pour la circonstance. Bien que celle-ci n'ait pas été jouée, il en écrivit une autre pour l'accession au trône de Léopold II. Celle-ci, à son tour, ne devait pas être exécutée. Cependant, en 1791, le Comte Waldstein, personnage influent, lui commanda une musique de ballet. Ce fut le premier des nombreux rapports que Beethoven devait avoir avec l'aristocratie – et particulièrement important au point de vue de ses amitiés futures. Le premier en date des compositeurs *vraiment indépendants* allait retirer un bénéfice non négligeable de ses introductions auprès de représentants des classes supérieures et bon nombre de ces amateurs « éclairés » l'admirèrent pour son génie et – dans plusieurs cas – devinrent ses amis. Ils l'aimaient et se montrèrent compréhensifs envers lui, spécialement dans les sombres jours.

Les capacités de Beethoven en tant que

LES VINGT PREMIÈRES ANNÉES

pianiste et improvisateur étaient de plus en plus reconnues. Le jeune homme timide ne manqua jamais d'amis. Il trouva un second foyer auprès de la famille von Breuning où la mère, veuve, veillait à ce qu'il enseignât non seulement à ses enfants, mais aussi à leurs amis fortunés. Le jeune Comte Waldstein lui fit don d'un bon piano.

En 1790, Haydn – déjà très célèbre – au cours de son départ pour Londres, passa par Bonn. On ne sait pas si Beethoven le rencontra. Cependant, alors que Haydn revenait de Londres en 1792, les musiciens de Bonn

Ci-dessus :
L'Archiduc
Max-Franz, Électeur
de Cologne, qui vivait
à Bonn, fut un
protecteur éclairé de
Beethoven.

offrirent un déjeuner en plein air en son honneur, à Godesburg, au cours duquel, dit-on, le jeune compositeur montra à Haydn une cantate qui l'impressionna vivement. D'aucuns prétendirent que cela se produisit lors de la première visite de Haydn. Quoiqu'il en fût, avec la permission et l'aide financière de l'Électeur, Beethoven partit pour Vienne, traversant l'Europe tandis que la Révolution française allait bientôt atteindre son paroxysme. Il devait rallier Vienne deux mois avant que Louis XVI ne fût guillotiné à Paris. Devenu maintenant un jeune homme de vingt-deux ans, Beethoven se trouvait pour la seconde fois dans la capitale musicale de l'Europe, non seulement de passage comme auparavant, mais prêt à y demeurer. Ses amis avaient inscrit leurs pensées à son intention dans un album – et le Comte Waldstein y prédisait *qu'il recevrait l'esprit de Mozart des mains de Haydn.*

Ci-contre : Le
Burgtheater à Vienne.
Beethoven y donna son
premier concert de
bienfaisance en 1800.

LA PREMIÈRE PÉRIODE VIENNOISE

Aucune cité n'aurait pu nourrir le talent de Beethoven mieux que ne le fit Vienne, où son génie de pianiste et de compositeur fut apprécié par une aristocratie éprise de musique.

La Vienne où arriva Beethoven en 1792 était une ville exceptionnelle sur le plan musical, et l'on a peine à croire qu'aucune ville, même la Vienne de notre époque, ait pu être à ce point dominée, submergée, par la puissance et la gloire de la musique.

C'était *l'époque triomphante* du « piano virtuose », de même que d'une aristocratie qui non seulement se passionnait pour la musique et admirait avec ferveur les grands interprètes du moment, mais jouait également avec eux, dans ses palais et ses demeures.

Beethoven produisit tout de suite une forte impression parmi cette société. Il n'était pas seulement un virtuose du piano mais, en un temps où l'improvisation était largement admirée et constituait un art en soi, il ne tarda pas à être reconnu comme le maître suprême en cet art. Dans le monde enchanté où il évoluait, on ignorait ses débuts modestes.

Mais le fait d'être simplement accepté ne le comblait pas. Il exigeait d'être sur un pied d'égalité avec l'aristocratie, non pas l'égalité d'un « amuseur » de cour reconnu, mais la

Page précédente : *Miniature sur ivoire de Beethoven, datée de 1803.*

Ci-contre : *Joseph Haydn a peut-être rencontré le jeune Beethoven en 1790, mais il est certain qu'il le rencontra lorsqu'il s'arrêta à Bonn au cours de son voyage de retour de Londres en 1792. Les musiciens de Bonn organisèrent en son honneur un déjeuner en plein air.*

LA PREMIÈRE PÉRIODE VIENNOISE

Ci-contre :
J. B. Cramer, un pianiste que même le très exigeant Beethoven admirait.

Ci-dessous : *Muzio Clementi, célèbre pianiste et compositeur, fut également éditeur de musique. Beethoven et lui se connaissaient et l'édition londonienne du 5ᵉ Concerto pour piano l'Empereur fut la première à être publiée par les soins de Clementi.*

véritable égalité. Il la gagna pleinement, et ce ne fut pas seulement une pléiade de dames bien nées qui répondirent à son magnétisme et à son art. De grands seigneurs lui permirent des écarts « protocolaires » qui auraient mis d'autres que lui au banc de l'aristocratie.

Il arrivait au parfait moment. Le *zeitgeist* (l'esprit du temps), les courants d'opinion lui furent favorables. Deux virtuoses, Clementi et Cramer, se partageaient les faveurs de la noblesse de l'époque. Mozart était mort en 1791 et Beethoven pouvait peut-être le remplacer. De même qu'on jouait de la musique dans les salons de l'aristocratie, il existait quelques concerts publics, cependant moins nombreux que ceux dont Londres ou Paris disposaient.

A un moment où l'improvisation constituait une forme d'art qui séduisait les musiciens tout autant que le public, Beethoven en fut l'un des maîtres les plus étonnants et les plus inspirés. Karl Czerny, compositeur prolifique, élève de Beethoven professeur de Liszt

LA PREMIÈRE PÉRIODE VIENNOISE

et auteur d'études pour le piano toujours appréciées, disait des improvisations de Beethoven qu'elles étaient éblouissantes et étonnantes. Elles produisaient un effet spectaculaire sur ses auditeurs. Le vieux cliché selon lequel « pas un œil n'était sec dans la maison » s'avérait souvent juste lorsqu'il jouait. En effet, ses concerts étaient suivis avec un enthousiasme proche de celui qui préside à certains de nos concerts de musique *pop*.

Czerny ne nous parle pas seulement de la beauté et de l'originalité de son inspiration musicale, mais relate aussi qu'à la fin d'une improvisation, il lui arrivait de rire bruyamment et de plaisanter ses auditeurs sur leurs réactions. Il les interpellait vraiment dans ces termes : « Vous êtes une bande d'idiots ! » Il lui arrivait aussi de paraître agacé et de traiter son public de « tas d'enfants gâtés. » Son attitude face à son art était cependant toujours sérieuse, fruit de son intelligence et de son cœur. Czerny notait à quel point ses propos sur la musique étaient pertinents et sûrs.

Ci-contre : *Carl Czerny, élève de Beethoven et maître de Liszt, était fasciné par l'habileté de Beethoven pour l'improvisation.*

LA PREMIÈRE PÉRIODE VIENNOISE

Ci-contre : *Portrait de la princesse Esterhazy, épouse de l'un des protecteurs de Beethoven. Le prince estimait peu la Messe que Beethoven avait écrite pour lui.*

Ci-dessous : *La demeure du prince Esterhazy à Eisenstadt.*

C'est dans les salons que se trouvait le cœur de la Vienne musicale, et Beethoven s'en fit le roi – pas immédiatement, bien sûr, mais sa réputation s'étendit rapidement. Ses relations avec Haydn furent ambiguës, tant sur le plan personnel que professionnel, mais se poursuivirent cependant jusqu'en 1794. Haydn le reçut à Eisenstadt, où le prince Esterhazy, protecteur du compositeur, avait sa résidence de campagne. Il semble d'ailleurs qu'Esterhazy ait été plus aimable envers le jeune Beethoven que d'aucuns l'ont prétendu.

Haydn, vieillissant était désorienté par les idées de son « disciple » concernant la musique – ce qui est assez compréhensible. Beethoven désirait un enseignement plus exigeant, plus strict que celui prodigué par son aîné, et se sentit incompris. Dès avant le nouveau départ de Haydn pour l'Angleterre

LA PREMIÈRE PÉRIODE VIENNOISE

en 1794, Beethoven chercha, et trouva, d'autres professeurs, tels Albrechtsberger et le célèbre Salieri. Ferdinand Ries, fils de son ami de l'orchestre de Bonn, affirmait que tous ses professeurs le louaient hautement mais critiquaient ses méthodes de travail et ses cheminements obstinément indépendants.

PREMIERS CONCERTS PUBLICS

Lorsque Haydn partit pour Londres en 1794, le jeune Beethoven, impatient et ambitieux, était capable de se suffire à lui-même. Il fit sa première apparition en public à Vienne en 1795. Le concert, public, était organisé pour venir en aide aux veuves de musiciens, et le programme comportait le concerto pour piano du jeune Beethoven actuellement connu comme son *Second Concerto* pour piano. Ce concerto fut en réalité écrit le premier et témoigne d'une maturité nettement moins affirmée que ceux qui le suivirent. Le dernier mouvement est déjà pourtant très beethovénien : c'est un finale charmant et plein d'entrain et qui laisse présager les merveilles à venir. C'était le 29 mars. Le lendemain il improvisa en public, et le dernier jour du mois, il joua un concerto pour piano de Mozart au cours d'une manifestation musicale organisée par la veuve de Wolfgang Amadeus.

La notoriété grandissante de Beethoven eut des effets notoires sur son style de vie. Ses nobles protecteurs, tout spécialement le prince Lichnowsky, qui avait pris des leçons avec Mozart, devinrent des ses « familiers ». Le prince et son épouse furent ses ardents

*Ci-dessous :
Constance Mozart,
la veuve de Wolfgang
Amadeus, qui
organisa en 1795
un concert au cours
duquel Beethoven
se produisit en tant
que pianiste.*

LA PREMIÈRE PÉRIODE VIENNOISE

défenseurs et de vrais amis. Ils supportaient son comportement parfois sauvagement agressif et méritèrent certainement l'immortalité que ses dédicaces leur ont value. Ils étaient accoutumés aux artistes ambitieux – bon nombre d'entre eux séjournèrent chez eux de temps à autre – et pardonnaient à Beethoven son manque de ponctualité bien connu, réalisant que les créateurs ont souvent des horaires bizarres. Le prince et ses amis s'accommodaient avec une rare compréhension de la présence parmi eux de ce génie exalté.

En 1796 Beethoven se rendit à Prague et Berlin, impressionnant le roi Frédéric-Guillaume II de Prusse, qui faisait lui-même de la musique. Beethoven écrivit deux sonates pour violoncelle à l'intention de Duport, un violoncelliste de l'orchestre royal, et le roi essaya de le convaincre de rester à Berlin. Le refus de Beethoven est révélateur : il n'était pas préparé à vivre parmi *des enfants gâtés* qui manifestaient leur émotion en pleurant, au lieu d'applaudir.

Face à ses auditeurs, Beethoven avait des réactions diverses. Il lui arrivait parfois, comme on l'a noté, de partir d'un grand éclat de rire pour briser un silence né de l'étonnement qu'il avait provoqué. Il arriva cependant une fois qu'un petit groupe d'aristocrates entrassent dans la pièce où l'élève de Beethoven, Ferdinand Ries, était en train de jouer : Beethoven lui saisit les mains, ferma violemment le piano et le força à s'éloigner en disant à haute voix : « Vous ne devez pas jouer devant des porcs ! ».

Ses musiciens non plus ne se voyaient pas épargnés s'ils se révélaient être en dessous de ses exigences. Confronté à un orchestre dis-

Ci-dessous : *L'une des premières affiches annonçant un concert de Beethoven.*

LA PREMIÈRE PÉRIODE VIENNOISE

Ci-contre : *Le roi Frédéric-Guillaume II de Prusse, musicien amateur de talent, apprécia vivement les deux pièces pour piano et violon que Beethoven lui dédia.*

Ci-dessous : *Vue de Berlin, vers 1814.*

LA PREMIÈRE PÉRIODE VIENNOISE

cordant ou indiscipliné, Beethoven était prêt à exploser, même après une seule répétition. S'ils n'étaient pas capables de lui donner ce qu'il voulait, ils devaient supporter le poids de son courroux.

Et son courroux faisait partie intégrante de son caractère. Le diplomate Georg August Griesinger, qui fut aussi le biographe de Haydn, se trouvait être l'un de ses amis. Lorsque tous deux étaient jeunes, alors que Beethoven n'était encore connu que comme pianiste et que son ami n'était lui-même qu'attaché d'ambassade, ils se rencontrèrent un jour dans la demeure du prince Lobkowitz. Un « amateur » d'art – personnage suffisant – commença de parler à Beethoven des attitudes des poètes et de leur position sociale. Beethoven décida qu'il convenait d'avoir une franche discussion avec lui. Il fit part de sa répugnance à discuter avec les éditeurs et dit à quel point il serait mieux pour lui d'en trouver un qui lui versât un salaire annuel en se réservant le droit de publier toutes ses œuvres. Il croyait que Goethe et Haendel avaient bénéficié de tels arrangements. Le connaisseur décida qu'il était temps de remettre le jeune homme à sa place. « Vous n'êtes ni un Goethe ni un Haendel, articula-t-il, et il n'y a pas la plus petite raison de penser que vous le serez jamais. De telles intelligences ne naissent pas une seconde fois dans le monde ».

Beethoven serra les dents, jeta un regard méprisant à son persécuteur et ne lui adressa plus la parole. Le prince essaya de calmer le jeune compositeur, lui disant qu'il ne voyait

Ci-contre : La Comtesse Giulietta Giucciardi, une élève de Beethoven, dont il tomba amoureux. Ce portrait fut trouvé après la mort du musicien parmi ses objets personnels.

LA PREMIÈRE PÉRIODE VIENNOISE

Ci-contre : Thérèse, Comtesse von Brunswick ; *portrait par J.B. Lampi.*

aucune intention d'insulte dans ces propos. « Il est de tradition pour la plupart des personnes âgées de croire que les jeunes gens ne pourront jamais accomplir autant que leurs aînés ou bien même que les morts ».

« Hélas, cela est vrai, répliqua Beethoven, mais je refuse d'avoir affaire avec des gens qui ne veulent pas croire en moi parce que je n'ai pas encore acquis une réputation étendue. »

Franz Wegeler, qui devint docteur et fut plus tard le biographe de la jeunesse de Beethoven, rappelait qu'il ne se trouvait jamais dépourvu d'aventures sentimentales ; il ajoutait qu'en fait, son ami faisait des conquêtes que même un Adonis aurait trouvées difficiles ou impossibles. La place manque dans notre ouvrage pour dresser la liste de ses probables conquêtes. La Sonate dite *Au Clair de lune* qu'il dédia tout spécialement à la Comtesse Giulietta Guicciardi ; les noms de Thérèse et Joséphine von Brunswick en témoignent exemplairement. Les portraits du jeune compositeur contribuent à expliquer une part de ses succès. Son visage était élégant et puissant. Le portrait du compositeur à l'âge de quarante-quatre ans par W. J. Mahler fait aussi ressortir une certaine mélancolie sur ses traits sensibles.

LA SURDITÉ

Au cours des deux dernières années du dix-huitième siècle, Beethoven découvrit qu'il était en train de devenir sourd. Dès 1801, il ne pouvait plus y avoir de doute à ce sujet, et cela allait même en empirant. On a émis l'hypothèse que le typhus était à l'origine de cela. Il semble qu'un des premiers symptômes ait été un bourdonnement dans les oreilles. Mais au début, cette gêne n'était pas constante, bien que ce bourdonnement ait parfois pu le mettre hors de lui. Sa vie, en

LA PREMIÈRE PÉRIODE VIENNOISE

tant que pianiste, était en péril, soumise à la lenteur avec laquelle se déroulait le processus qui lui faisait perdre l'ouïe. Dans les mauvais jours, son jugement musical se trouvait désespérément amoindri car *piano* et *fortissimo* se confondaient inévitablement. Sa direction d'orchestre s'en trouva également affectée, au point qu'à la fin il était nécessaire qu'un autre chef se tînt derrière lui et donnât un rythme précis.

Dans une lettre particulièrement émouvante écrite pendant l'été 1801, il ouvrit son cœur à son excellent ami Wegeler au sujet de sa surdité. Tout allait bien – excepté le point capital qu'était son ouïe. Certains médecins prétendirent que son abdomen était cause de ses malheurs, tandis qu'un « idiot médical » lui dit qu'il avait besoin de bains froids. En attendant, il était affaibli par la dysenterie. On lui recommanda de se baigner dans de l'eau du Danube, tiède, ce qui, croyait-il, le soulagerait ; on lui recommanda également des pilules pour l'estomac, on lui instilla de l'huile d'amandes douces dans les oreilles, mais sa surdité s'aggravait. On essaya une variété de thé, mais cela provoqua un sifflement, un hurlement dans ses oreilles. Il ne cessait de ruminer pendant ce temps, broyait du noir, imaginant ce que ses ennemis pourraient bien dire d'un compositeur sourd.

A ce moment déjà, il devait faire un effort pour entendre les acteurs au théâtre, même lorsqu'il se plaçait tout en avant. Il ne pouvait déjà plus supporter qu'on s'adressât à lui en criant. Au cours de cette lugubre période, il tomba amoureux et semble avoir été vraiment heureux pendant un certain temps, parlant, dans ses lettres à Wegeler, de quelques « moments de félicité totale ».

Parfois encore, il ressassait les traces du métier de compositeur. Dans une lettre à un autre ami, Franz Anton Hoffmeister, il émettait l'idée qu'il ne devrait y avoir dans le monde qu'un système d'échange d'art, dans lequel l'artiste se verrait pourvu de tout ce dont il aurait besoin. Il trouvait à redire au fait de devoir être homme d'affaires, autant qu'artiste. Par bonheur le courage ne lui fit jamais défaut. Déjà en 1795, avant que la surdité n'eût fait son apparition, il notait dans son Journal que son esprit serait toujours indomptable, quelles que soient les faiblesses de son corps. Cela fut presque toujours le cas.

La situation difficile de Beethoven s'avéra être un *bienfait* pour la postérité. Forcé d'abandonner sa carrière publique, il se trouva renvoyé à ses ressources intérieures, malgré des moments de désespoir, où il pensa se suicider. Il se concentra alors entièrement sur la composition. La dépression et l'immense tristesse où il lui arriva de se trouver

Ci-contre : *Les appareils acoustiques de Beethoven, témoins de sa tragique infirmité.*

LA PREMIÈRE PÉRIODE VIENNOISE

Ci-contre : C'est dans cette maison, à Heiligenstadt, maintenant rattachée à Vienne, que Beethoven écrivit son poignant Testament en 1802. L'on voit avec quelle résignation Beethoven acceptait sa surdité et tout ce qui en découlait.

Ci-contre : Une page du Testament d'Heiligenstadt, qui ne fut découvert qu'après la mort de Beethoven.

LA PREMIÈRE PÉRIODE VIENNOISE

plongé ne parvinrent pas à briser son âme, comme le prouve le *Testament* dit d'Heiligenstadt. Cela fit éclore la glorieuse seconde période allant environ de 1800 à 1812 : période où il produisit tant de ses plus grandes œuvres, de celles qui sont le plus particulièrement aimées toujours.

Il lui sera désormais très difficile de se sentir complètement à l'aise avec les musiciens ses pairs, ni même avec les admirateurs compatissants de sa propre classe sociale qui goûtaient ses saillies et plaisanteries. Il se vexait facilement mais était prêt à s'excuser et reconnaissait facilement ses torts.

LA SECONDE PÉRIODE

En 1802 il se trouva confronté avec l'éventualité de perdre complètement l'ouïe. C'est alors qu'il rédigea le fameux « testament » nommé d'après le village d'Heiligenstadt, situé aux alentours de Vienne, où il séjournait parfois en été. Ce texte était adressé à ses frères et constituait une déclaration pleine de courage, bien qu'exprimée en des termes tragiques. Il se disait résolu à accepter son destin, quel qu'il soit. Il avait un profond désir de réussir.

Profondément humilié, se sentant totalement incompris, il était résigné et déjà décidé

Ci-contre : Le prince Razumowski, un amateur éclairé de Beethoven : ce dernier lui dédia plusieurs de ses grandes œuvres.

LA PREMIÈRE PÉRIODE VIENNOISE

Ci-contre : Portrait du duc de Wellington, par Thomas Lawrence. La Victoire de Wellington *ou* La Bataille de Vitoria *commémore la défaite des troupes de Napoléon à la bataille de Vitoria en 1813 : c'est une véritable musique à programme.*

à créer une musique encore plus puissante que jamais. Il ne pouvait pas quitter le monde avant d'avoir produit cette musique qu'il se sentait *appelé* à composer. C'est ainsi que débuta sa seconde période, au cours de laquelle l'homme se fit l'artisan de son destin.

Seuls des individus dotés de peu de sensibilité peuvent ne pas être émus par les mots qu'il écrivait à Wegeler, mots dont le caractère dramatique est bien difficile à nier dans de telles circonstances. « Je veux saisir le destin à la gorge » ; c'est là une de ses résolutions tandis que dans l'autre il affirme que si il pouvait seulement se débarrasser du mal dont il est affligé, il embrasserait le monde entier.

Les changements intervenus dans la musique de Beethoven pendant cette période de

Ci-contre : Peinture sur porcelaine comportant une scène de la bataille de Vitoria : elle est maintenant conservée dans l'ancienne demeure de Wellington à Londres.

LA PREMIÈRE PÉRIODE VIENNOISE

rébellion et de malheur sont si frappants que même des auditeurs nouvellement venus à la musique, s'ils établissaient une comparaison, ne tarderaient pas à les percevoir. Il ne cherchait pas à écrire « la musique de l'avenir » comme le fera Wagner. Il n'était pas du tout un révolutionnaire romantique, mais *un pionnier*.

Il ne devint totalement sourd qu'en 1819, mais, parvenu à ce moment, il avait déjà enduré des années d'angoisse, dont témoignent les instruments massacrés, détériorés par ses tentatives infructueuses pour s'entendre jouer.

Les années 1803 et 1804 furent chacune des années fécondes. Sa *Deuxième Symphonie* et son *Troisième Concerto* pour piano furent exécutés pour la première fois au cours d'un

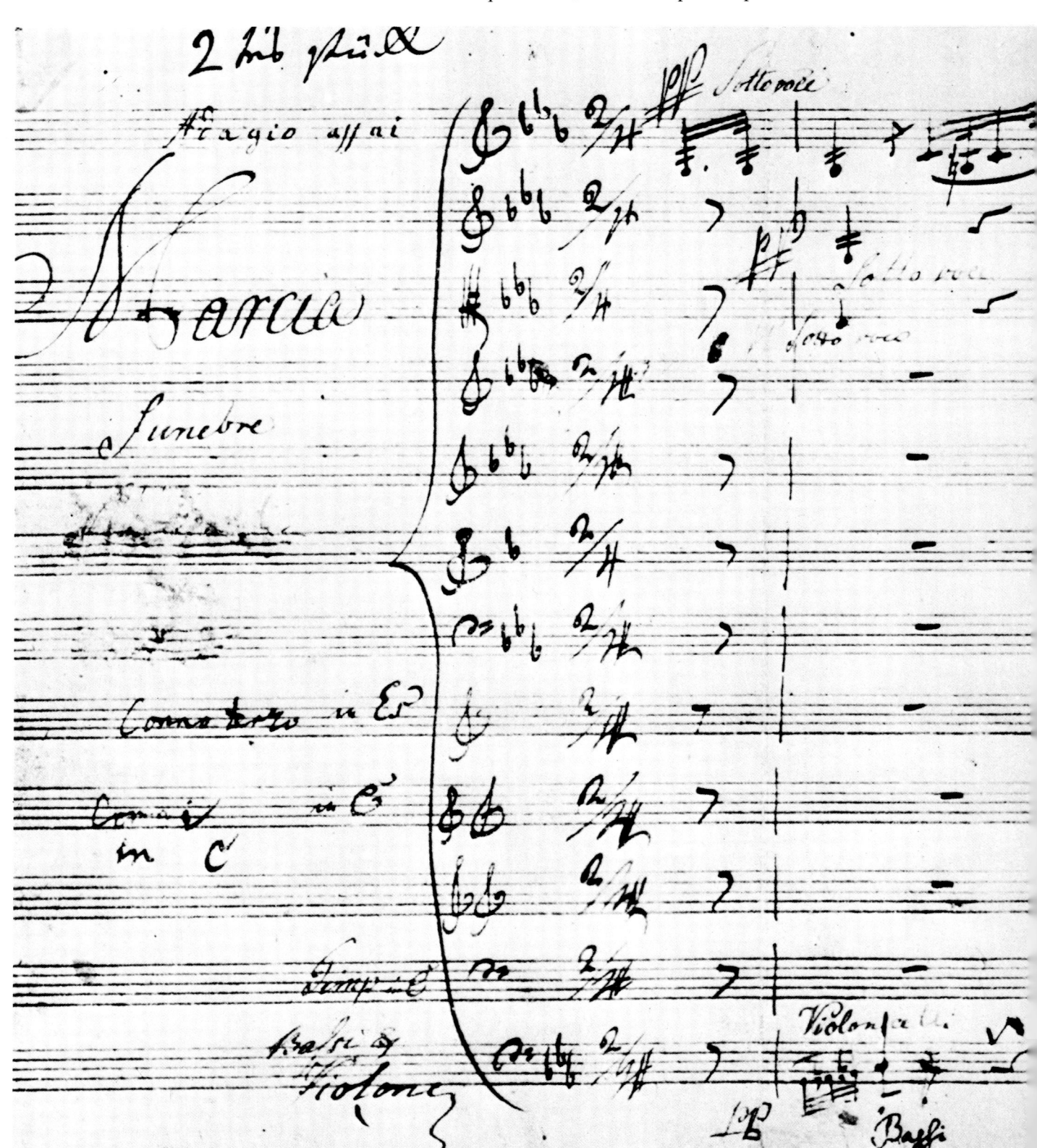

LA PREMIÈRE PÉRIODE VIENNOISE

concert public en avril 1803 – et c'est pendant ces mêmes années qu'il composa deux de ses plus importantes sonates : les sonates *Waldstein* et *Appassionata*.

Les longues difficultés qu'il rencontra pour achever *Fidelio*, son unique opéra, dont nous reparlerons plus loin, durèrent de 1805 à 1814.

La prodigieuse période dont il est question vit la composition de ses symphonies *Deux à Huit*, de quatorze sonates pour piano, des quatuors *Razumowski* – le prince Razumowski était ambassadeur de Russie à Vienne, bon musicien et mécène plein de discernement – de l'ouverture de *Coriolan*, tellement puissante, inspirée non pas de la célèbre pièce de Shakespeare, mais d'une pièce de Heinrich Collin (d'après Plutarque).

Beethoven n'écrivait pas d'œuvres alimen-

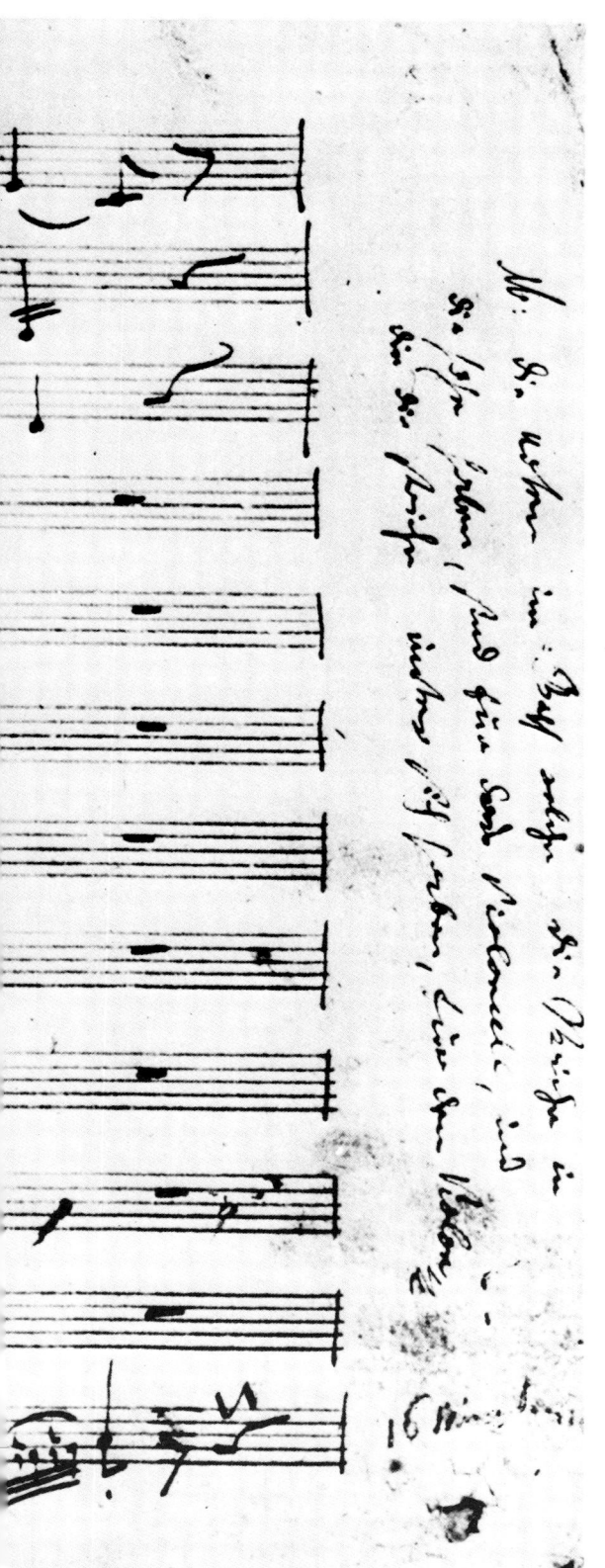

taires à proprement parler, mais accepta la commande pour la composition d'une pièce célébrant la victoire du duc de Wellington sur les Français à Vitoria. Cette *Bataille de Vitoria* ou *La Victoire de Wellington*, composée originellement pour une invention mécanique, le « Panharmonicum », dû à J.N. Maelzel, sera plus tard transcrite pour orchestre. Aussi « colorée » qu'elle soit, l'œuvre connut naturellement un grand succès, qu'elle méritait du reste. Beethoven savait très bien ce qu'il faisait et reconnaissait volontiers qu'il s'agissait là d'une musique à programme caractéristique. Mais l'ensemble est extrêmement plaisant. Le bruit des canons, les hymnes nationaux et les effets de mousqueterie agrémentent ce simple morceau « réaliste ».

Ci-dessus : Page de titre de la première édition de la Troisième Symphonie connue sous le nom d'Eroica.

Ci-contre : Le manuscrit des premières mesures du magnifique mouvement lent de la Troisième Symphonie dite Héroïque.

LA PREMIÈRE PÉRIODE VIENNOISE

Les chefs-d'œuvre marqués du sceau du génie abondent dans cette seconde période de la vie de Beethoven – comme on le verra plus en détail dans le dernier chapitre – mais dans ce survol général, il convient de mentionner deux moments capitaux. Le premier est le début de la *Troisième Symphonie* dite *Héroïque (Eroica)* – certainement l'une des conquêtes les plus gigantesques de l'histoire de la musique – comme de la propre musique de Beethoven. La prodigieuse progression musicale – dans les toutes premières mesures – ouvrait un point de départ unique à une ère musicale nouvelle. Si l'on oublie toute référence à Bonaparte, sur le plan musical pur, cette symphonie constitue une profonde révolution. L'extraordinaire deuxième mouvement, ainsi que la marche funèbre lancinante et majestueusement émouvante, témoignent de cette même grandeur novatrice.

Une autre révolution musicale s'accomplit avec la *Cinquième Symphonie*, qui porta le dernier mouvement, jusque-là si souvent de peu de poids comparativement au premier, au rang d'authentique sommet de l'œuvre. Cette révolution atteignit son apothéose avec le finale sublime avec chœurs de la *Neuvième Symphonie*. Lesueur – compositeur et professeur français – s'adressant à son élève Berlioz, qui fut lui-même un compositeur presque ainsi révolutionnaire que Beethoven, explosait : « Laissez-moi sortir ! J'ai besoin d'air ! C'est incroyable ! Merveilleux ! »

Beethoven admirait profondément Goethe, l'autre génie de l'Allemagne : *Egmont*, musique de scène pour le drame du poète, date de 1810. Beethoven fut invité à rencontrer Goethe, mais la rencontre ne devait pas avoir lieu avant 1812.

Ci-contre : Un portrait du grand écrivain allemand Goethe. Beethoven le rencontra pour la première fois en 1812.

LA PREMIÈRE PÉRIODE VIENNOISE

Ci-dessus : Portrait de Bonaparte, premier Consul, franchissant le Saint-Bernard (1800). Devenu empereur en 1804, il nomma David son premier peintre.

LA PREMIÈRE PÉRIODE VIENNOISE

PORTRAIT D'UN SOLITAIRE

Un « portrait » écrit de Beethoven nous est parvenu grâce à une certaine Dame von Bernhard, qui vint à Vienne pour poursuivre ses études pianistiques. Elle le rencontra chez le prince Lichnowsky et il fit sur elle une très vive impression :

« Chaque fois qu'il arrivait, il passait la tête dans l'entrebâillement de la porte pour s'assurer qu'aucune personne de celles qu'il n'aimait pas ne fût présente ». Frau von Bernhard fut frappée par sa simplicité et sa

Ci-dessus : Le prince Moritz von Lichnowsky considérait Beethoven comme un véritable ami et veillait à ce qu'il fût toujours bien traité.

LA PREMIÈRE PÉRIODE VIENNOISE

petite taille, par son visage marqué de la petite vérole et qui était tout à la fois rouge et laid. Ses cheveux châtain sombre retombaient de manière quelque peu hirsute autour de son visage. Son habillement était à la mode, mais très ordinaire – et il s'exprimait d'une façon plutôt commune, dans un assez grossier dialecte.

Ses critiques sur la musique étaient souvent brillantes et subtiles. Le très bel opéra *Euryanthe* de Weber, comme le savent les amateurs d'opéras, est peu scénique. Beethoven disait de cette œuvre que Weber l'avait beaucoup trop travaillée. Il aurait pu être un remarquable critique musical. Simplement, à la fin de ses jours, il n'aurait eu besoin que de la partition – elle lui aurait en effet suffi puisque la joie des sons avait été bannie de sa vie.

Il n'hésitait jamais à défendre ses droits. La lettre qu'il adressa à l'archiduc Rodolphe lorsqu'on représenta *Fidelio* sans se soucier le moins du monde d'une rémunération pour le compositeur était spirituelle, retenue et adroite. Deux siècles plus tard, il donne toujours l'impression d'avoir été un homme surprenant.

Ci-dessus : *Carl Maria von Weber : Beethoven admirait son opéra* Der Freischütz *(1821).*

Ci-contre : *Le palais Razumowski à Vienne. Le prince Razumowski, ambassadeur de Russie à Vienne, fut un protecteur et ami de Beethoven, qui lui dédia plusieurs chefs-d'œuvre.*

LA CÉLÉBRITÉ

Pendant les vingt premières années du XIXᵉ siècle, alors que son génie allait bientôt atteindre son apogée, la foi que Beethoven avait en son art le soutint face à sa surdité croissante.

Les Français prirent Vienne en 1809. Pendant les bombardements Beethoven se cachait la tête sous des coussins. Il lui fallait protéger ses oreilles. Jadis, comme tant d'Européens, il avait cru en Bonaparte. Celui-ci était apparu comme un symbole d'espoir et de liberté, et c'est ainsi que la *Symphonie Héroïque* fut à l'origine dédicacée au grand Corse. Mais quand Bonaparte se proclama empereur sous le nom de Napoléon, la réaction du compositeur fut violente. De rage, il saisit la page de titre, arracha le nom de l'idole déchue et nota sur la partition qu'elle avait été composée pour célébrer la mémoire d'un grand homme. La seule vue d'un officier français lui faisait

Page précédente : *Portrait de Beethoven vers l'âge de trente ans, dû à un artiste anonyme.*

Ci-contre : *En 1809, Vienne tomba aux mains des Français, au grand désespoir de Beethoven. Son admiration pour Bonaparte, déjà ébranlée dès 1804, s'évanouit à jamais.*

LA CÉLÉBRITÉ

Ci-dessus : Bettina Brentano fut l'instigatrice de la rencontre de Goethe et Beethoven. Bettina, dite l'Enfant se montra toujours une amie charmante pour Beethoven, bien qu'un peu mythomane.

serrer les poings et rugir que, s'il avait été général et avait eu autant de connaissances en matière de stratégie qu'il en avait en matière de contrepoint, il lui aurait donné, ainsi qu'à ses semblables, du fil à retordre.

C'est à cette époque que prend place la fameuse rencontre avec Goethe, organisée par une jeune femme de dix-huit ans, extrêmement intelligente et séduisante, Bettina Brentano, qui avait parlé du compositeur à Goethe. Elle était d'une famille très cultivée, mais certaines des lettres qu'elle affirmait avoir reçues de Beethoven sont considérées comme étant de sa propre invention. Elle nous a cependant laissé une description célèbre de l'état de la chambre du musicien en 1810 – un piano et un chaos d'objets, mais, à part cela, dépouillée.

La rencontre de ces deux grands esprits eut lieu à Toeplitz au moment où Napoléon, franchissant la frontière, pénétrait en Russie. Goethe considéra Beethoven comme l'artiste le plus indépendant, vivant et sincère qu'il eût jamais rencontré, et il comprit que son attitude face au monde était vraiment singulière, unique même.

Puis, au fur et à mesure qu'il le connut

LA CÉLÉBRITÉ

Ci-contre :
L'incident de la promenade de Toeplitz : Goethe s'incline devant la famille impériale, Beethoven ne salue personne...

LA CÉLÉBRITÉ

Ci-dessus : Beethoven se réjouit-il de ce que l'étoile de Napoléon déclinât ? La Retraite de Russie, par Meissonier.

mieux, Goethe découvrit un personnage différent. Il était émerveillé par son art mais considérait que sa personnalité demeurait absolument incontrôlée. Goethe admettait ses idées sur un monde détestable mais déplorait que cela eût pour résultat d'affecter l'attitude de Beethoven envers tout un chacun. Le poète pensait cependant qu'on devait lui pardonner : sa surdité empirait.

On prétend que Beethoven se conduisit grossièrement à Toeplitz, lorsque les deux artistes rencontrèrent l'empereur et l'impératrice ; alors que Goethe s'inclinait poliment, Beethoven aurait foncé en avant les bras croisés. Il ne fait aucun doute que l'anecdote soit enjolivée, mais Beethoven disait avec regret à ses éditeurs Breitkopf et Härtel que l'air de la Cour convenait à Goethe mieux qu'il ne sied à un poète. Goethe ne cessa jamais d'admirer Beethoven, tandis que les idoles du musicien demeurèrent Homère, Shakespeare, Platon – et Goethe.

VIE MATÉRIELLE

Si la lutte avec la vie se déroulait avec succès sur le front artistique, force est de noter que l'organisation domestique de Beethoven était désastreuse. Il apparaît qu'ayant vécu trente-cinq ans aux environs de Vienne ou dans la ville elle-même, il réussit à habiter trente-trois domiciles différents. Il

Ci-dessus : La comtesse Erdödy fut une bonne pianiste et une amie de Beethoven, mais ils se fâchèrent. Il se montrait parfois trop susceptible.

Page suivante : Portrait de l'archevêque – archiduc – Rodolphe, excellent ami du compositeur, et surtout son élève.

semble avoir souffert d'une sorte de besoin d'errance, car il ne fut jamais pauvre de la même manière que Mozart ou Schubert. Il avait habituellement des logements de plusieurs pièces, y compris une pour ses domestiques, avec lesquels il se comportait tout à la fois bien et mal. L'air vibrait d'insultes, puis d'excuses, couronnées de généreux pourboires. La comtesse Erdödy retint un serviteur qui s'apprêtait à quitter son maître trop exigeant en lui payant en secret un salaire pour l'encourager à supporter cette pression. On doit s'imaginer Beethoven en robe de chambre et chemise de nuit jusque tard dans l'après-midi, travaillant dans sa salle de musique, l'air rempli de la fumée de sa pipe et la pièce pleine de manuscrits. On a supposé qu'il s'aspergeait d'eau dans l'intention de mieux se concentrer. Si cela est vrai et s'il ne prêtait pas attention aux inévitables chutes d'eau inondant occasionnellement l'appartement du dessous, la fréquence de ses changements de domiciles devient alors explicable.

Si les aristocrates se montraient en général très tolérants à l'égard de sa manière d'être, certains d'entre eux ont cependant dû être horrifiés de temps en temps. Les courtisans qui entouraient l'archiduc Rodolphe essayèrent de l'amener à se conformer aux conventions et il promettait de mieux faire. Mais l'effort requis était trop dur. Il finit par éclater en présence de l'archiduc et proclama avec véhémence que malgré tout le respect qu'il avait pour lui, ses courtisans le menaient encore une fois à leur guise. Rodolphe s'en amusa et ordonna qu'on le laissât agir comme il lui plaisait.

Ses interprètes aussi eurent à souffrir. Le vingt-deux décembre 1808 eut lieu la première de trois œuvres majeures au Theater an der Wien ; les *Symphonies en do mineur* et *Pastorale*, et la *Fantaisie pour piano, chœurs et orchestre*. Au cours de cette dernière, le clarinettiste répéta par erreur huit mesures, ce que tout le monde remarqua parce que le passage ressortait bien. Beethoven, fou de rage, insulta les musiciens si fort et si grossièrement que toute l'assistance l'entendit : « Depuis le début ! » ordonna-t-il, puis tout se passa bien, mais il se mit cependant à les admonester. Certains d'entre eux jurèrent de ne plus jamais jouer pour lui, mais lorsqu'il donna une nouvelle œuvre, la curiosité fut plus forte que la colère et ils revinrent une fois encore pour jouer pour lui. Les serveurs de restaurants, eux aussi, avaient quelques raisons de le craindre. Il lui arriva une fois de jeter à la tête de l'un d'entre eux une assiette de roastbeef en sauce. On finissait cependant par supporter son caractère terriblement versatile et sa distraction ; ses domestiques eux-mêmes se montraient indulgents, même lorsqu'il oubliait de leur payer leurs gages.

Il parlait volontiers de ses méthodes de composition. Louis Schlösser, un jeune compositeur, lui demanda comment il procédait. Beethoven lui dit qu'il portait en lui ses idées musicales longtemps avant de les écrire. Il se fiait à sa mémoire et était certain de ne pas les oublier – son étourderie ne concernant en fait que les choses matérielles. Il ne craignait pas d'apporter d'importantes modifications, et était prêt à couper et recommencer jusqu'à ce que le résultat le satisfît. Cela constituait la période d'élaboration – tout se passant dans sa tête – tandis que la conception de base progressait régulièrement. Puis lorsqu'il était à même de se représenter l'ensemble, tout ce qui demeurait n'avait plus qu'à être couché sur la papier. Le fait d'avoir plusieurs œuvres à la fois en cours de gestation ne lui posait aucun problème. Les idées lui venaient en vrac. Il avait l'impression de pouvoir les saisir à pleines mains, qu'il marchât dans les bois, ou que ce fût pendant l'immobilité de la nuit. Les airs lui arrivaient dans une puissante montée sonore puis s'imposaient. Enfin ils se présentaient à lui sous forme de notes.

LE TUTEUR

Grâce à ses célèbres cahiers d'esquisses nous pouvons suivre le processus depuis la naissance même de ses idées jusqu'à leur épanouissement. Il y eut cependant une période cruciale où l'inspiration semble l'avoir abandonné. Si les années 1805-1812 furent puissamment créatives, en revanche il écrivit comparativement très peu entre 1813 et 1819. On ne peut cependant pas l'en blâmer, ne serait-ce qu'en raison de ses difficultés avec son neveu Karl, dont nous allons maintenant parler. Ce fut là une croix qu'il porta à partir de 1815 ; le profond chagrin dû à une déception sentimentale en 1815 nous en donne partiellement l'explication. Les ennuis de santé et un état proche de la surdité totale qui complètent ce tableau expliquent cette perte de créativité. Il connut alors un état cliniquement dépressif, et cela bien plus d'un siècle avant que cela ne pût être soigné. Il est indéniable qu'au-delà de toute attente il gagna son combat contre cet état – les dernières années, incomparablement créatives, en apportent la preuve. Ces « années silencieuses » ne furent cependant pas totalement exemptes de musique. Sa magnifique sonate *Hammerklavier* date de cette période, ainsi que deux sonates pour violoncelle, quelques pièces orchestrales et *La Bataille de Vitoria*, si calomniée.

Et, en même temps, il y avait son neveu Karl.

Avant de décrire la crise, il convient de souligner le fait que Beethoven jouissait d'une grande popularité et commençait d'amasser une fortune considérable ; il devenait même présentable grâce aux soins dévoués de Nanette von Streicher et de son mari, facteur de pianos, ainsi que de quelques autres personnes dévouées. Elle veillait à ce qu'il eût de bons serviteurs, et, ce qui est aussi important, des serviteurs de confiance. Puis le désastre s'abattit.

Le frère de Beethoven, Karl, mourut en 1815, le désignant comme tuteur de son fils, également prénommé Karl. Beethoven n'éprouvait aucune sympathie pour la mère de Karl, Johanna, qu'il avait depuis longtemps considérée comme étant quelqu'un d'immoral ; mais il considéra la requête de son frère comme une marque de confiance sacrée. A partir de ce moment il fut plus qu'un oncle pour le jeune garçon et fit tout son possible pour le protéger de l'influence de sa mère. Le résultat devait être désastreux. Dans son testament Karl n'avait pas désigné Johanna comme tutrice, mais un codicille avait été ajouté la veille de sa mort, dans lequel elle était nommée co-tutrice de l'enfant.

Beethoven considérait qu'il avait maintenant un fils. Il souligna même une phrase dans l'exemplaire d'*Othello* qui était en sa

LA CÉLÉBRITÉ

Ci-dessus : *Nanette von Streicher était la fille d'un facteur de pianos réputé et une amie de Beethoven.*

Ci-contre : *Karl van Beethoven, d'un côté le neveu bien-aimé, par ailleurs son grand tourment.*

LA CÉLÉBRITÉ

possession. « Il vaut mieux adopter qu'engendrer un enfant ». Le garçonnet avait neuf ans. Beethoven fit l'impossible pour être un bon père pour le garçon, mais les années à venir apparaissent comme un cauchemar, affectivement parlant. Il essaya tellement – beaucoup trop – de faire ce qui lui paraissait convenir ; mais le résultat s'avéra un constat pitoyable. L'enfant fut le prétexte de différents procès ; c'était un enfant difficile et ingrat, pour lequel on peut néanmoins éprouver quelque compassion. Beethoven l'étouffait presque par son amour, et il n'était absolument pas possible à Karl de vivre au niveau des espérances de son oncle. On le mit dans une bonne école – mais ce ne fut pas une réussite, et Beethoven décida imprudemment de se charger lui-même de son éducation. Il avoua un jour à un ami que sa maison avait l'air d'une épave. Il aimait profondément Karl mais souffrit affreusement que cette affection ne fût pas réciproque. Il dut se

battre pour conserver la garde du garçon qui lui fut littéralement arraché en 1819 ; il en eut de nouveau la responsabilité après une longue série de procès. Cela se passait en 1820 – moment où il assumait de nouveau son destin de compositeur.

UN CONCERT

Il est nécessaire de donner un exemple de ce qu'était un concert de Beethoven à cette époque. La première exécution de la *Septième Symphonie* eut lieu le 29 novembre 1814 et fut organisée par ses amis. Le compositeur Ludwig Spohr nous a laissé un récit très vivant de cet événement, entièrement consacré à de nouvelles œuvres. *Fidelio* venait d'être repris avec succès. Tous les musiciens de Vienne semblaient disposés à contribuer à ce nouvel hommage rendu à Beethoven.

Spohr faisait remarquer la manière dont Beethoven dirigeait, avec une abondance de « curieux mouvements de son corps » (qui ne

Ci-contre :
Célébration de la Paix à Vienne en 1814.

LA CÉLÉBRITÉ

Ci-contre : *Les plénipotentiaires du Congrès de Vienne en 1814, par J.-B. Isabey.*

Ci-contre : *Ludwig Spohr (1784-1859), compositeur et violoniste romantique.*

LA CÉLÉBRITÉ

Ci-contre : *Franz Schubert (1797-1828) dont la mort prématurée constitua une perte irréparable pour la musique tant il promettait.*

surprendraient certainement pas un auditoire moderne). Lorsqu'il désirait un effet de *piano* il se ramassait sur lui-même, de plus en plus bas – tandis qu'un *crescendo* le voyait se relever graduellement. Quand il fallait un *forte* il bondissait en l'air tandis qu'un *piano* le faisait se baisser. Pour un *fortissimo* il se mettait à crier ; le *sforzando* lui faisait étendre largement les bras après qu'il les eût précédemment croisés sur sa poitrine.

Ce fut là un grand événement ; l'accueil réservé à la *Septième Symphonie* se traduisant par un immense succès – au point qu'il fallut bisser le mouvement lent. Malgré la direction inévitablement incertaine de Beethoven (il apparut clairement à chacun qu'il n'entendait pas la musique), le concert se déroula magnifiquement. Lorsque les choses se gâtaient, les musiciens de l'orchestre étaient parfaitement capables de se débrouiller – tout comme le feraient aujourd'hui leurs successeurs. Aussi le bond inattendu que faisait Beethoven lorsqu'il croyait qu'on arrivait à un *forte* n'alertait-il que lui, et pas les musiciens. Ses bons amis organisèrent un autre concert avec le même programme et les recettes furent une aubaine pour le malheureux et indomptable compositeur.

Il ne vécut pas en reclus pendant ces années où son élan créatif se trouva ralenti. Deux fois par semaine, il arrivait dans la matinée, à l'improviste, chez l'éditeur Steiner et Cie et y passait environ une heure qu'il trouvait plaisante. Il y avait là d'autres compositeurs et on parlait beaucoup « métier ». Schubert, alors compositeur inconnu et timide, et un de ses amis musiciens Hüttenbrenner, s'y trouvaient quelquefois.

Hüttenbrenner rappellera plus tard les observations candides que faisait Beethoven, spécialement au sujet de la musique italienne ; Schubert était bien trop timide pour oser l'approcher.

L'ORIGINAL

Beethoven passait chaque année quelques mois à la campagne, aux environs de Vienne. Son amour de la campagne était encore plus intense que la *Symphonie Pastorale* ne peut le laisser entrevoir à l'auditeur. Il ne s'y sentait pas isolé par sa surdité ; le calme des bois était pour lui une source de joie ; en fait, il considérait la campagne avec une ferveur religieuse, comme le montre un passage de l'un de ses cahiers. C'était une consolation, une véritable bénédiction qui l'aidait à supporter son fardeau sans fin. Il était entre-temps devenu, lorsqu'il se trouvait à Vienne, l'un des points de mire de la

LA CÉLÉBRITÉ

Ci-contre : La Forêt viennoise, que Beethoven, ainsi que d'autres compositeurs autrichiens, aimèrent tant.

LA CÉLÉBRITÉ

ville en partie parce qu'il était le plus souvent perdu dans de profondes pensées ou en train de fredonner ou de gesticuler. Les enfants sont sensibles au comportement et à l'apparence de leurs parents, ce qui nous explique peut-être pourquoi le jeune Karl avait honte d'être vu avec lui, en raison de son allure, que l'on a dit être comique. C'était aussi un régal pour les garnements de sa gausser de lui dans la rue, comme le relate le Dr Gerhard von Breuning. Le docteur, quant à lui, était naturellement fier d'être vu en sa compagnie.

Il n'avait pas peur de dire ce qu'il pensait à propos de n'importe quel sujet, y compris la politique, à une époque où cela était risqué. On peut penser qu'il fallait être pourvu d'une ahurissante dose d'imprudence, capable de lui valoir de graves ennuis ; mais à cette époque de l'histoire autrichienne où il était mal vu de se montrer radical – que ce soit en actes ou en paroles – il ne craignait pas de critiquer ouvertement les autorités.

Ci-contre et ci-dessus : Beethoven : deux croquis par J.P. Lyser.

47

LES DERNIÈRES ANNÉES

Les années 1820 confirment la célébrité de Beethoven tant à Vienne qu'à l'étranger. Avec quelques-unes de ses œuvres capitales, ces dernières années s'achèvent en apothéose.

Bien que tourmenté par sa surdité et par ses désastreux rapports avec son neveu, Beethoven avait acquis une célébrité et un prestige immenses en ce début d'année 1820. Sa renommée n'était plus limitée à l'Autriche et à l'Allemagne. En 1813, depuis sa fondation, la Philarmonic Society of London – maintenant Royal Philharmonic Society – avait toujours joué sa musique. Les membres de l'orchestre espéraient qu'il com-

Page précédente :
Ce beau buste de Beethoven par Franz Klein date de 1812.

Ci-contre :
L'orchestre symphonique de la Société Philarmonique de Londres dans la salle de concerts de Hanover Square. Cette association fit beaucoup pour rendre la musique de Beethoven populaire en Angleterre.

LES DERNIÈRES ANNÉES

poserait un jour pour eux et devaient par la suite acheter les droits de sa *Neuvième Symphonie*, dont la première avait eu lieu à Vienne.

Le public français lui aussi appréciait sa musique, et Hector Berlioz, qui écrivit une importante étude critique des neuf symphonies, a pu dire que le public plutôt que les musiciens avait découvert le contenu réel de sa musique. Les New-Yorkais commencèrent de l'apprécier vers 1820. Quant aux compositeurs contemporains tels Liszt, Weber et Rossini, ils étaient au nombre des artistes pour lesquels c'était un honneur de le rencontrer, bien que Weber n'ait pas toujours apprécié la musique de Beethoven et que celui-ci ne se soit pas intéressé à Weber, jusqu'au jour où il découvrit *Der Freischütz*.

Beethoven apprécia surtout de Rossini son *Barbier de Séville*.

Les années où Beethoven demeura relativement silencieux ne furent cependant pas inactives. Il continua de travailler à sa *Neuvième Symphonie* en 1817, dont l'idée initiale du magnifique chœur final fut notée dans un cahier d'esquisses dès 1798 ; et le thème de l'*allegro*, déjà largement esquissé dans la *Fantaisie pour piano, orchestre et chœurs* (1808). Il en fut de même pour son autre chef-d'œuvre choral, la *Missa Solemnis*, qu'il commença d'écrire en 1818.

Il lui arrivait encore de temps en temps de diriger, même si la reprise de *Fidelio* en 1822 montra bien que la direction d'orchestre faisait désormais partie d'une époque pour lui

Ci-contre : Beethoven fut toujours un fervent amoureux de la nature : Mödling, près de Vienne, était l'un de ses lieux préférés.

LES DERNIÈRES ANNÉES

révolue. Il conservait toujours espoir de garder l'ouïe – au moins de façon partielle. Entre-temps un nouveau personnage, mécène et mélomane, fit son apparition dans sa vie : le prince Galitzine, qui ne lui commanda pas moins de trois quatuors pour le prix qu'il désirerait. C'est à la suite d'un voyage à Vienne que Galitzine effectua cette offre généreuse, qui aboutit à la création de quelques-unes des plus belles œuvres de Beethoven. Avant que ne lui parvînt cette commande, il avait déjà produit des œuvres remarquables de musique de chambre.

Nous sommes ici en présence de cinq superbes chefs-d'œuvre, moins connus souvent du public mélomane courant que des compositions de sa période intermédiaire, que l'on

peut considérer comme des œuvres les plus accomplies de l'histoire de la musique. Le prince Galatzine n'était pas seul à admirer ces quatuors. L'idée que ces chefs-d'œuvre dépassaient la compréhension de la plupart de leurs premiers auditeurs est une légende erronée. L'un des spécialistes de Beethoven, H.C. Robbins Landon, a bien souligné qu'il est prouvé – documents à l'appui – que c'est là l'une de ces légendes qui semblent encombrer les biographies beethovéniennes.

Parmi les amis intimes de Beethoven se trouvait le brillant violoniste Ignaz Schuppanzigh qui, en sa qualité de premier violon, aimait diriger. L'histoire veut que Schuppanzigh ait dit à Beethoven au cours d'une répétition de l'un des derniers quatuors qu'un certain passage était virtuellement impossible à jouer. « Je ne vais tout de même pas me soucier de votre misérable violon alors que je parle à mon Dieu ! » lui répondit Beethoven avec fougue.

La composition des quatuors commandés par le prince Galitzine fut une période exaltante pour Beethoven dont l'imagination géniale éclate alors d'une manière exceptionnelle. « Mon cher ami disait-il à Karl Holz, son ami violoniste, et compagnon de taverne, j'ai eu une autre idée ». Cela se passait pendant les quelques mois de 1820 qui furent assez

Ci-dessus : Ignaz Schuppanzigh violoniste célèbre et grand ami de Beethoven ; celui-ci se sentait toujours à l'aise avec des musiciens.

LES DERNIÈRES ANNÉES

stériles pour Beethoven ; quant aux idéees de Holz, elles étaient bien souvent orientées vers sa prochaine beuverie. Beethoven portait un intérêt sincère et chaleureux aux compositeurs jeunes et doués. Il admirait beaucoup le jeune Schubert et si le timide jeune homme ne donna pas suite à sa seule tentative de le rencontrer, ce n'est pas de son fait.

UN PORTRAIT ANGLAIS DE BEETHOVEN

L'un des récits les plus directs et vivants sur Beethoven est dû à un voyageur anglais, John Russel dans son *Périple en Allemagne et dans quelques-unes des Provinces du Sud de l'Empire d'Autriche dans les années 1820, 1821 et 1822*. Le livre parut en 1825, du vivant du compositeur. Notant que Beethoven était le plus célèbre des compositeurs vivants, il écrivait qu'en raison de sa surdité qui le rendait presque asocial, il était perdu pour la société. Russel remarquait « le négligé de sa personne » et une « allure quelque peu sauvage ». Il poursuivait : « Il a des traits puissants et marqués ; l'œil plein d'une énergie sauvage ; ses cheveux que ni peigne ni ciseaux ne semblent avoir visité depuis des années recouvrent son grand front d'une abondance si confuse que seuls les serpents

Ci-dessous : *Portrait de Beethoven, par August von Kloeber, 1818.*

LES DERNIÈRES ANNÉES

autour de la tête d'une Gorgone peuvent lui être comparées. Son comportement général s'accorde assez bien avec cet extérieur peu prometteur. La gentillesse et l'affabilité ne sont pas parmi ses traits dominants – sauf lorsqu'il se trouve parmi des amis de son choix. La perte totale de l'ouïe l'a privé de tout le plaisir que peut procurer la société et lui a peut-être aigri le caractère. Il avait l'habitude de fréquenter une certaine taverne où il passait ses soirées assis dans un coin, à l'écart de toutes les discussions et disputes de la grande salle, buvant du vin et de la bière, et mangeant du fromage et des harengs saurs tout en lisant attentivement le journal. Quelqu'un dont l'allure ne lui plaisait pas vint un soir s'asseoir près de lui. Il regarda l'étranger de travers et cracha sur le sol comme s'il avait vu un crapaud... cracha encore, ses cheveux de plus en plus hérissés lui conférant un air hirsute et féroce, jusqu'à ce que, arrêtant de cracher et de scruter tour à tour avec insolence, il s'exclama clairement : « Quelle bouille de gredin ! » tout en se précipitant hors de la salle. Et même avec ses plus vieux amis, il lui arrivait souvent de se montrer d'aussi mauvaise humeur qu'un enfant capricieux... Dès l'instant où il s'assied au piano il est visiblement inconscient de l'existence de quoi que ce soit hormis lui-même et son

Ci-dessous : Piano ayant appartenu à Beethoven. Il les « massacrait » souvent du fait de sa surdité.

LES DERNIÈRES ANNÉES

instrument... lorsqu'il joue dans une nuance très *piano*, il lui arrive souvent de ne pas faire sonner une seule note. Tandis que seuls son regard et le mouvement presque imperceptible de ses doigts montrent qu'il suit jusque dans ses plus infimes nuances le chant qui se déroule en lui-même, l'instrument est vraiment aussi muet que le musicien est sourd. »

CZERNY ET QUELQUES AUTRES

Beethoven fut un excellent professeur, comme le rappellera plus tard le grand pianiste Karl Czerny. Alors que Czerny avait dix ans, il rencontra le compositeur pour la première fois, pendant l'hiver 1799-1800. Il remarqua que Beethoven avait du coton imbibé d'un liquide jaune dans les oreilles, mais que cependant sa surdité n'était pas encore décelable. Le jeune Czerny, étant trop timide pour jouer la musique de Beethoven devant le compositeur lui-même, commença donc avec le *Concerto en do majeur* de Mozart, Beethoven lui-même jouant des fragments de la partie d'orchestre. Czerny remarqua les mains velues de Beethoven et ses doigts larges, surtout à leur extrémité.

Comme tout se passait bien, Czerny joua quelques œuvres récentes de Beethoven, la *Sonate* dite *Pathétique*, puis l'air *Adélaïde* que son père chantait de sa belle voix de ténor. « Ce garçon a du talent » dit Beethoven qui décida de le prendre comme élève. Czerny rappelait aussi à quel point la technique de Beethoven était poussée, comprenant même l'usage du pouce, qui était très rare à cette époque.

Beethoven était naturellement un professeur exigeant, comme le découvrirent les aristocrates. Vers 1850, la comtesse Giulietta von Gallenberg évoquait les jours où elle-même et certains de ses amis étaient ses élèves. Il n'acceptait pas d'argent mais prenait volontiers le linge que la Comtesse avait cousu. S'il constatait la moindre distraction – il quittait la pièce. Elle se le rappelait comme quelqu'un d'extrêmement laid, mais aussi

Ci-contre : Le prince Joseph de Liechtenstein et sa femme (page suivante) furent à la fois les amis et les protecteurs de Beethoven.

Page suivante : Le portrait de la princesse est dû à Angelica Kauffman ; celui du prince est de J.B. Lampi le Vieux. Les deux tableaux se trouvent actuellement au château de Vaduz, résidence de la famille princière régnante.

LES DERNIÈRES ANNÉES

Ci-contre : Giulietta Giucciardi est peut-être l'« Immortelle Bien-Aimée » de Beethoven. Il lui dédia sa Sonate *dite au Clair de lune, mais le mystère demeure...*

LES DERNIÈRES ANNÉES

Ci-dessous : *Cipriani Potter, compositeur et professeur, quitta l'Angleterre et devint l'élève de son idole. En dépit des sautes d'humeur de Beethoven, il nous a laissé des récits particulièrement vivants sur le grand musicien.*

très sensible, cultivé et de nature élevée. Il était en général pauvrement vêtu.

Czerny était très ferme dans sa façon de rejeter le mensonge selon lequel il aurait été opprimé et négligé. Pendant ses dernières années, lorsque son caractère fut très affecté par tous les malheurs qui l'affligeaient, ses amis et protecteurs fidèles ne furent pas seuls à le soutenir et l'assister. Il se trouva aussi de simples gens du peuple, qui, comme ceux d'un rang plus élevé, avaient fini par l'estimer. L'évoquant en 1846, Thérèse von Brunswick se le rappelait comme un esprit prodigieux et déplorait que sa sœur, devenue veuve, ne l'eût pas accepté pour époux.

L'Anglais Cipriani Potter, compositeur, pianiste et professeur (1792-1871), s'intéressait tant à Beethoven qu'il se rendit à Vienne et y devint son élève en 1818-1819. Le fait que Beethoven ait parlé anglais lui fut sans doute d'un grand secours. Potter, dont la ferveur était touchante, essaya comme cela

LES DERNIÈRES ANNÉES

Ci-contre :
Aloys Förster
(1740-1823) accepta
d'enseigner à Potter.

Ci-dessous :
J.G. Albrechtsberger
donna à Beethoven
quelques leçons de
contrepoint. Ce dernier
aurait souhaité que
son vieux maître pût
enseigner à Potter.

arrive communément d'exprimer son admiration. Il décrivit à son « héros » l'effet que son *Septuor* avait produit sur lui. Le musicien rejeta le compliment en lui expliquant qu'à cette époque il ne savait pas composer, et dit : « Maintenant je pense le savoir ».

Potter avait été assez inquiet à l'idée d'approcher le grand homme, ayant entendu dire qu'il était rude et renfrogné. Il savait aussi que les gens hochaient la tête rien qu'à entendre prononcer le nom de son héros, tout comme lorsqu'on mentionnait sa musique. Puis il rencontra le facteur de pianos Streicher qui, avec sa femme Nanette, essayait d'apporter un peu d'ordre dans la vie de Beethoven. Ils l'assurèrent que ses craintes n'étaient pas fondées et que Beethoven serait enchanté de le voir. Il se mit en route aussitôt.

Il était muni de lettres d'introduction, dont l'une de Dragonetti, le plus remarquable contrebassiste d'alors. Beethoven se montra aussi ouvert et affable que possible et lui demanda à voir quelques-unes de ses œuvres. Potter lui montra une ouverture de sa composition que Beethoven parut regarder avec une certaine curiosité. Démoralisé, Potter décida qu'il ne l'avait regardée que par pure politesse, mais pas en détails. Aussi fut-il très surpris quand Beethoven désigna une note très grave dans la partie de basson et lui dit

LES DERNIÈRES ANNÉES

Ci-dessus : *Il y avait encore beaucoup de lieux agrestes autour de Vienne à l'époque où Beethoven et Potter s'y promenaient.*

Ci-contre : *Le compositeur d'origine italienne, Luigi Cherubini était très admiré à l'époque de Beethoven. Né à Florence en 1760, il fut un contemporain de Mozart et Beethoven, et mourut à Paris en 1842.*

LES DERNIÈRES ANNÉES

qu'elle n'était pas facile à jouer. Il fit d'autres commentaires sur son travail et lui conseilla de prendre un bon professeur. Il n'enseignait pas la composition et, hélas, l'homme qu'il lui aurait recommandé – celui qui lui avait enseigné le contrepoint –, Albrechtsberger, n'était plus en vie. Il lui suggéra néanmoins de travailler avec Aloys Förster qu'il considérait comme son « vieux maître ». Ce qu'il fit jusqu'à ce que son professeur dît qu'il avait assez étudié et devait concentrer son effort sur la composition. A quoi Beethoven insista sur-le-champ, disant que nul ne devait abandonner l'étude et qu'il n'avait certainement pas suffisamment appris.

Il apparaît clairement que Potter voulait aussi recevoir de vive voix les éloges de Beethoven. Cela alla jusqu'à « très bien » mais Potter espérait plus. Cela finit par arriver. Il reçut aussi un bon conseil sur un point inattendu. Beethoven lui conseilla de composer dans une pièce où il n'y eut pas de piano, car il serait tenté de s'en approcher. Une fois son travail achevé, il pourrait se la jouer au piano, car il n'avait aucune certitude de pouvoir disposer d'un orchestre.

Potter se rendait parfois à Vienne à pied avec Beethoven, passant à travers champs. Il profitait le mieux possible de ces moments privilégiés. Il lui demanda qui était le plus grand compositeur vivant et s'entendit répondre que c'était Cherubini. « Et le plus grand de ceux qui sont morts ? » ajouta-t-il. Beethoven lui dit avoir toujours pensé que

Ci-contre : Beethoven considérait que Haendel était le plus grand de tous les musiciens. Il pensait auparavant que c'était Mozart.

LES DERNIÈRES ANNÉES

Mozart était le plus grand de tous, mais que, depuis qu'il avait étudié Haendel, il pensait décidément que c'était ce dernier.

Beethoven désirait très vivement se rendre en Angleterre et souhaitait beaucoup visiter la Chambre des Communes. « En Angleterre, vous avez la tête sur les épaules » affirmait-il. Il ne devait hélas jamais voir le pays de ses rêves, mais on peut craindre qu'il n'eût été désappointé si cela s'était fait.

Beethoven fut enchanté du succès du *Freischütz* de Weber en 1821, et pas seulement parce que le jeune compositeur était Allemand. Il se lamentait de ne plus aller au théâtre. Jusque-là il n'avait jamais été un grand admirateur de la musique de Weber mais il étudia la partition de près et la vanta devant des amis. Il n'avait pas soupçonné que Weber ait eu une telle puissance dramatique et qu'il ait pu concevoir un tel chef-d'œuvre : il fit en sorte de faire connaître largement son opinion. Il étreignit Weber avec ferveur lorsqu'ils se rencontrèrent. Weber retira le sentiment d'être courtisé par ce confrère rustre et apparemment peu sociable. Ils passèrent des heures ensemble, mangèrent ensemble et il n'est pas surprenant que Weber eût été transporté de bonheur lorsqu'ils se séparèrent.

Il avait vu par lui-même dans quelles conditions vivait Beethoven – et connu le privilège de devenir son ami. Il écrivit à sa femme qu'il se sentait exalté par cette rencontre.

LONDRES ET VIENNE

Une anecdote particulièrement chaleureuse sur le Beethoven des dernières années nous vient de Johann Andreas Stumpff, un Allemand qui s'était installé à Londres comme facteur d'instruments. Au cours d'un voyage à Vienne il eut l'occasion de rencontrer le grand homme qu'il approcha comme s'il s'était agi d'un être surnaturel, mais trouva un être tout ce qu'il y a de plus humain.

Beethoven était ce jour-là d'excellente humeur. « Aujourd'hui je suis heureux » annonça-t-il, et il demanda à Stumpff s'il aimait Vienne « où l'on mange, dort, boit et... ».

Stumpff reçut un accueil vraiment chaleureux et écouta Beethoven chanter les louanges de Londres et de ses habitants si cultivés. A Vienne, c'était du moins ce que pensait Beethoven, les conversations ne roulaient que sur la nourriture, la boisson, les chansons et une musique inintéressante. Si seulement Karl pouvait aller en Angleterre ! S'il pouvait séjourner chez Stumpff ! Il demanda combien il lui coûterait de faire vivre son neveu à Londres, et prit des notes en abondance avant de se lancer dans une diatribe contre les éditeurs de musique. Tout allait bien et il fut décidé que Beethoven dînerait avec Stumpff dans le jardin de ce dernier ; Stumpff avait été prévenu que Beethoven adorait le poisson. Tandis que les joies de Londres – y compris la nourriture – plus une diatribe contre les cuisiniers viennois – alimentaient

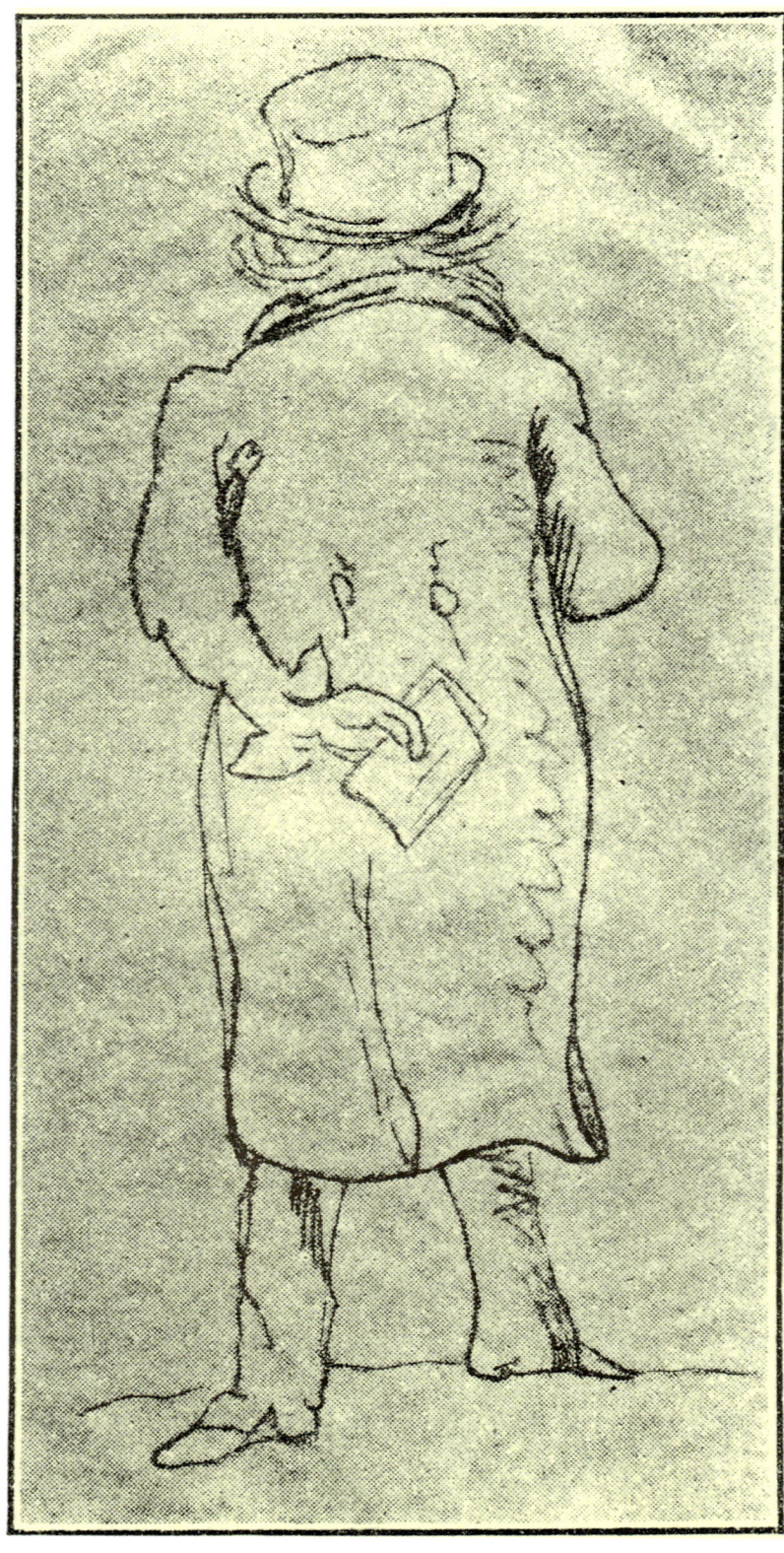

Ci-dessous : Un croquis de Joseph Böhm représentant Beethoven.

la conversation, et après quelques coups de pattes verbaux prodigués au goût viennois – Rossini plutôt que Beethoven –, tout le monde étant détendu par un bon repas et la bonne humeur ambiante, l'heure arriva pour Stumpff de partir. Beethoven fut invité à une autre rencontre, trois jours plus tard.

En fait Beethoven arriva le lendemain matin, et tous deux partirent en promenade, et Beethoven apprit ainsi à quel point ses symphonies étaient populaires à Londres – la *Pastorale* étant la préférée des dames. Tout le monde attendait sa *Dixième Symphonie* ! Beethoven souhaitait ardemment pouvoir visiter ce pays où son importance était appréciée et annonça qu'il viendrait et résiderait chez son nouvel ami. Avant de se séparer il sortit un papier de sa poche intérieure. Stumpff le prit. « Cela veut représenter mon visage, lui dit Beethoven, bien que ce ne soit pas très bon et ait été fait par un amateur ». Puis il fixa Stumpff, lui saisit une main qu'il arrondit en forme de tube et l'approcha de son oreille gauche. Stumpff dit, parlant très clairement : « Si je trouve à Londres un artiste à qui je puisse transmettre ce qui a laissé une impression si profonde en mon âme, j'ajouterai ces touches de détails qui manquent à votre meilleur portrait. Je le dois à vos admirateurs ».

Beethoven l'étreignit, extasié. A ce moment précis une procession funéraire arriva en leur direction, Beethoven s'éclipsa et disparut à la vue de Stumpff.

LES DERNIÈRES ŒUVRES

Pendant les dernières années de sa vie, et même lorsque son apparence parut devenue excentrique au dernier degré, Beethoven jouit toujours d'une grande popularité en tant que compositeur.

Ci-dessous : *Diabelli était en même temps éditeur et compositeur. Beethoven s'inspira plus que librement d'une valse de ce musicien dans ses Variations Diabelli.*

LES DERNIÈRES ANNÉES

Les quelques exemples de son comportement proposés plus haut ne représentent que quelques-unes de ses démonstrations les plus surprenantes. Les dernières années l'avaient vu achever ses œuvres les plus étonnamment accomplies, non seulement les quatuors dont nous avons déjà parlé, mais trois grandes sonates pour piano, absolument différentes de ses œuvres précédentes, dans lesquelles il faisait éclater la forme admise en ce qui concerne l'enchaînement et le nombre des mouvements.

A cette période appartiennent les *Variations Diabelli* – au nombre de trente-trois, d'après une valse du compositeur et éditeur autrichien Anton Diabelli. Cinquante compositeurs, parmi lesquels Schubert, reçurent commande d'écrire chacun une variation sur ce thème. Beethoven fut également invité mais refusa – et entreprit d'écrire trente-trois variations sur le thème en question. Schubert aboutit à une exquise solution avec ses *Variations sur une Valse de Diabelli* ; l'imagination de Beethoven et sa prodigieuse puissance créatrice donnèrent un chef-d'œuvre.

Pour le public moyen des concerts, la Symphonie avec chœurs, la *Neuvième Symphonie* en ré mineur de Beethoven, constitue le sommet, « la grande tempête dans le Walhalla de la musique du début du XIXe siècle ». Cependant, bien qu'elle soit loin d'être autant interprétée, la *Missa Solemnis* est une œuvre prodigieuse, et peut-être encore plus achevée. Il sera question de l'une comme de l'autre de ces œuvres dans le chapitre suivant. La genèse de la *Neuvième Symphonie* est bien antérieure aux premiers contacts de Beethoven avec l'Angleterre en 1803. George Thomson, un éditeur d'Edimbourg, lui demanda d'écrire des sonates utilisant des mélodies écossaises ; commande qui lui valut une solide rétribution facilement gagnée. En 1815 son élève Ferdinand Ries émigra à Londres où il participa à la fondation de la Société Philharmonique. La direction commanda à Beethoven trois nouvelles ouvertures ; des trois qui furent envoyées, *Le Roi Étienne*, *Aniversaire* et les *Ruines d'Athènes*, aucune n'était nouvelle. Cela constituait un début malheureux, mais Ries s'entremit heureusement, puis des prévisions de voyage à Londres ne se réalisèrent pas, au grand désespoir de Beethoven. Quoiqu'il en soit, ses admirateurs anglais continuaient d'espérer et d'écouter sa musique – et ce fut son désir d'écrire une symphonie pour la Société Philarmonique qui le poussa à composer enfin la *Neuvième*. Vienne l'entendra cependant avant Londres.

Ci-contre :
Ferdinand Ries, comme Beethoven, était né à Bonn ; il devint son élève et partit plus tard à Londres. Chef d'orchestre très prisé, il composa aussi huit symphonies et cinq opéras.

LES DERNIÈRES ANNÉES

La première eut lieu le 7 mai 1824 et se solda par un désastre financier, bien que l'œuvre fût acclamée par le public. Ce concert géant comportait aussi quelques mouvements de la *Missa Solemnis* et l'ouverture de *La Consécration de la maison*. L'exécution de la *Neuvième* fut un triomphe ; le solo de timbales du *Scherzo* fut suivi d'une ovation, tandis que, à la fin, l'une des solistes, Caroline Unger poussa le compositeur vers le public, afin qu'il pût voir la salle en train d'applaudir. La direction était assurée par Ignaz Umlauf qui battait la mesure tandis que Beethoven, nous dit-on, allait çà et là en s'agitant comme un fou. Plusieurs musiciens présents, dont le violoniste Joseph Böhm et le pianiste Thalberg, rappellent aussi qu'il fallait sans cesse lui répéter – alors même qu'il était tourné – de continuer à regarder la foule l'applaudir.

La *Missa Solemnis* suscita un hommage rare (rare au sens ancien du terme) du prince Galitzine. Il écrivit à Beethoven après l'avoir entendue, non seulement pour lui dire que c'était « un pur trésor de beauté », mais

Ci-dessus : *L'une des nombreuses résidences de Beethoven. Cette maison se trouve à Grinzing (Vienne).*

Ci-contre : *Cette image saisissante de Beethoven est conservée dans sa maison natale. Il n'est pas surprenant que l'on ait fait son portrait de nombreuses fois, tant son visage présentait de caractère.*

LES DERNIÈRES ANNÉES

Ci-contre : Les ruines du Château de Rauhenstein à Baden, où le neveu de Beethoven, Karl, tenta de suicider.

pour lui affirmer également que la postérité lui rendrait hommage et bénirait sa mémoire encore bien plus que ne pourraient même espérer le faire ses contemporains.

ANTON SCHINDLER

Aucun récit relatif à Beethoven ne peut passer sous silence son ami et biographe Anton Schindler (1795-1864), le premier parmi tant d'autres à assumer le privilège qui lui était offert d'être l'émule d'un mémorialiste. Sa biographie est cependant gâchée par son souci de présenter un héros idéalisé, « aseptisé ». Il alla jusqu'à détruire plus de la moitié des *Carnets de Conversation* de Beethoven, parce qu'il les considérait trop terre à terre pour *son* portrait d'un héros. Nous devons cependant beaucoup à Schindler, ne serait-ce que pour avoir mis en évidence le chaleureux enthousiasme de Beethoven pour la musique du jeune Schubert. Beethoven proclamait bien haut qu'il y avait en celui-ci une étincelle divine, qu'il ferait sensation dans le monde, et se désolait de n'avoir pu le rencontrer.

Et c'est de nouveau Schindler que nous devons remercier pour sa description de Beethoven alors qu'il composait la *Missa Solemnis*. C'était au mois d'août 1819 ; Schindler, accompagné d'un musicien de ses amis, se présenta un jour chez Beethoven à quatre heures de l'après-midi. Ils découvrirent sur-le-champ que deux de ses servantes étaient parties le matin même après une terrible scène qui s'était produite un peu après minuit : « Vers la fin du mois d'août, j'arrivai en compagnie du musicien Johann Horzalka, dans la maison que le maître occupait à Mödling. Il était quatre heures de l'après-midi. Dès notre entrée, nous apprîmes que les deux domestiques de Beethoven l'avaient quitté et qu'il y eut une scène au beau milieu de la nuit. Dans une des pièces, qui était fermée, nous entendîmes le maître : il chantait des morceaux de la fugue de son *Credo*, en hurlant et en frappant du pied. Nous écoutions cette scène horrible depuis

LES DERNIÈRES ANNÉES

Une catastrophe survint en 1826. Beethoven avait supporté les pires tourments à cause du comportement de son neveu. Alors qu'il abordait un jour ce pénible sujet avec lui, une violente discussion s'éleva, au point qu'il semble que Karl eût été frappé par son oncle. Karl était alors étudiant à l'Institut technique et les examens s'approchaient. Tout comme ses créanciers. Karl décida de se donner la mort. Il acheta deux pistolets, se rendit à Baden et pénétra dans les ruines du château de Rauhenstein. Grimpant au sommet de la tour, il braqua le pistolet vers son front et fit feu, ne parvenant qu'à se blesser superficiellement. On le mena à Vienne chez sa mère. Ce fut là la dernière manifestation explosive de la triste histoire d'un amour trop possessif.

D'après l'un des *Carnets de Conversation*, Karl, à son retour, témoigna de regrets pitoyables, mais profondément sincères. Il jura de ne plus jamais boire : il était ivre, écrivait-il, lorsque cela était arrivé. Il implora son pardon d'une manière abjecte. Il fut décidé que le jeune homme entrerait à l'armée après avoir effectué sa convalescence à la campagne. Karl et Beethoven devaient séjourner tous deux près de Vienne avec le frère du compositeur, Johann, qui était un chimiste prospère.

Ci-contre : *Stephan von Breuning, un ami aristocrate qui essaya d'organiser la vie matérielle du compositeur – une entreprise difficile.*

quelques instants déjà et nous allions partir, quand la porte s'ouvre... Beethoven est là, échevelé, le visage tordu ; spectacle angoissant s'il en fut. On eût dit qu'il venait de livrer une lutte à mort avec tout le clan des contrepointistes *(sic)* ses éternels ennemis. Ses premières paroles étaient quelque peu embarrassées, comme s'il se sentait désagréablement surpris du fait que nous avions entendu. Mais bientôt il se mit à bavarder et à nous raconter ce qui s'était passé ce jour-là, et il avait peine à se dominer, lorsqu'il nous dit : « Un beau ménage ! Tout le monde s'est sauvé et je n'ai rien eu à manger depuis hier à midi ». J'essayai de le calmer et l'aidai à sa toilette. Mon compagnon se précipita vers le restaurant de [l'établissement de bains], aux fins d'y faire préparer quelque aliment pour le maître affamé. Il se plaignait de la mauvaise situation dans laquelle se trouvait son ménage, et à laquelle il n'y avait guère à remédier. Jamais sans doute, chef-d'œuvre de l'envergure de la *Missa Solemnis* ne naquit au milieu de circonstances plus rebutantes. »

LES DERNIÈRES ANNÉES

LES DERNIERS MOIS

Une fois encore des tensions éclatèrent. Beethoven se torturait à propos de Karl et s'était toujours profondément méfié de sa belle-sœur. Il partit pour Vienne dans une voiture découverte, par grand froid lors d'un hiver rigoureux. Il atteignit Vienne le 2 décembre et s'alita dès son arrivée chez lui. Il ne survécut à ce qui était probablement une pneumonie que pour traîner environ quatre mois avec ce qui apparut alors comme

LES DERNIÈRES ANNÉES

une maladie inconnue, mais devait être, pense-t-on maintenant, une cirrhose. Il n'était en aucune façon un gros buveur, mais son organisme délabré devait être dans un état désespéré. Souffrant de plus en plus et soigné par des gardes qui laissèrent la ver-

Ci-dessus : *La tombe de Beethoven au Cimetière central de Vienne, dans l'Enclos des musiciens, où reposent, notamment à ses côtés : Schubert et Brahms.*

Ci-contre : *Représentation des somptueuses funérailles faites à Beethoven. Suivant différentes sources, on estime l'assistance à quelque dix mille personnes.*

LES DERNIÈRES ANNÉES

mine l'envahir, il fut frappé d'hydroposie. Il eut aussi la jaunisse. Il écrivit à la Société Philharmonique de Londres, remerciant pour les cent Livres qu'elle lui avait envoyées. Il assurait que la Société Philarmonique recevrait sa *Dixième Symphonie*. Quelques *lieder* de Schubert lui procurèrent un ultime plaisir. Le 24 mars 1827 il recevait les derniers sacrements, en présence de son frère Johann et sa femme, de Schindler et de Stephan, le jeune fils de son ami Gerhard von Breuning, qui tentait de s'occuper des tâches matérielles et essayait de le réconforter.

Dans l'après-midi du 26 mars 1827, une belle-sœur de Beethoven et l'ami de Schubert, Hüttenbrenner, se trouvaient seuls avec l'agonisant. Un éclair illumina soudain la pièce, puis il y eut un coup de tonnerre ; Beethoven ouvrit les yeux, souleva la main droite et, le poing serré, tourna son regard vers le haut pendant quelques secondes, le visage sérieux et menaçant. Quelques instants plus tard, il était mort.

On l'enterra trois jours plus tard, le 29 mars 1827, au cimetière de Währing. En présence de quelque dix mille personnes, Vienne lui fit des adieux qu'une Altesse aurait pu envier. Ecclésiastiques, poètes, acteurs, chanteurs et musiciens étaient là et on joua *Le Jour où toutes les âmes seront égales* dans un arrangement pour voix. Une fois la cérémonie religieuse achevée, tous se dirigèrent vers l'église des Mineurs. Un acteur prononça une oraison funèbre aux portes du cimetière, et le cercueil fut bientôt déposé sans bruit dans le caveau. Beethoven avait cinquante-sept ans.

Ci-contre : Franz Grillparzer (1791-1842) auteur dramatique et poète autrichien, écrivit l'oraison funèbre de Beethoven, particulièrement émouvante, qui se termine par ces mots : « Et lorsqu'il mourut, nous pleurâmes ».

LES DERNIÈRES ANNÉES

Einladung
zu
Ludwig van Beethoven's
Leichenbegängniss,
welches am 29. März um 3 Uhr Nachmittags Statt finden wird.

Man versammelt sich in der Wohnung des Verstorbenen im Schwarzspanier-Hause Nr. 200, am Glacis vor dem Schottenthore.

Der Zug begibt sich von da nach der Dreyfaltigkeits-Kirche bey den P. P. Minoriten in der Alsergasse.

Die musikalische Welt erlitt den unersetzlichen Verlust des berühmten Tondichters am 26. März 1827 Abends gegen 6 Uhr. Beethoven starb an den Folgen der Wassersucht, im 56. Jahre seines Alters, nach empfangenen heil. Sacramenten.

Der Tag der Exequien wird nachträglich bekannt gemacht von

L. van Beethoven's
Verehrern und Freunden.

Ci-dessus : *Billet d'invitation aux funérailles de Beethoven.*

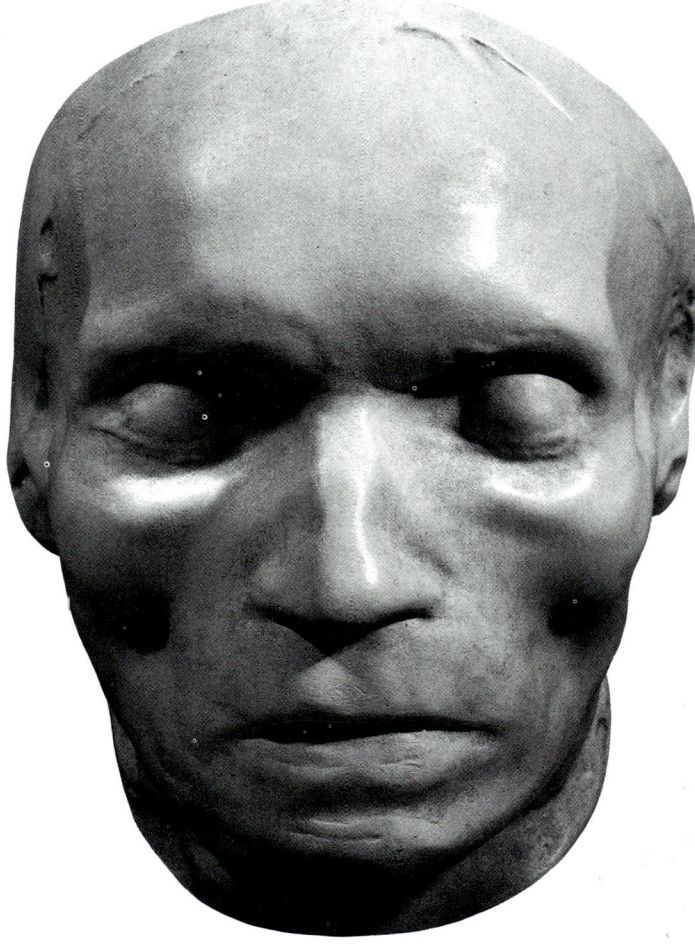

Ci-contre : *Masque mortuaire de Beethoven par Joseph Dannhauser. Si certains le trouvent tragique, d'autres pensent qu'il restitue bien la grandeur et les souffrances de Beethoven.*

LA MUSIQUE

La musique de Beethoven, bien que solidement liée à la tradition classique de Haydn et Mozart, annonce le mouvement romantique européen et même avec ses derniers quatuors, la musique du XXᵉ siècle.

L'entrée "Beethoven" dans l'édition monumentale du *Dictionnaire de la Musique et des Musiciens* de Grove est de l'importance d'un livre de bonne taille. Le premier paragraphe prend soin d'affirmer qu'il est « probablement le compositeur le plus admiré dans l'histoire de la musique occidentale. La déclaration du « Compagnon de la Musique d'Oxford » selon lequel « plus qu'aucun compositeur il mérite d'être appelé le Shakespeare de la musique » est tout aussi magistrale.

Bien qu'il soit comme Haydn et Mozart, un compositeur classique, Beethoven ouvre la voie du romantisme, en ce qui concerne la musique. Il fut le porte-étendard de Schubert et de ses successeurs jusqu'à Mahler et Richard Strauss.

Seuls les individus dépourvus d'oreille ou de culture peuvent traverser la vie sans connaître la *Cinquième Symphonie*, dont les premières notes furent, à la radio, le cri ralliement des Alliés durant la Deuxième Guerre mondiale. Et des millions de personnes pourvues d'une culture générale moyenne connaissent certainement l'histoire de la surdité de Beethoven. Son nom, plus que celui de tout autre compositeur, est synonyme de « grande musique » auprès de l'homme de la rue, mélomane ou non. Sa musique supporte le poids des années. Beethoven était un colosse et le restera aussi longtemps que durera la musique.

Au moment où l'on répétait son opéra *Fidelio*, Beethoven s'aperçut que, sur trois

Page précédente : Statue de Beethoven qui se dresse près de sa maison natale, à Bonn.

Ci-contre : *Wolfgang Amadeus Mozart (1756-1791). Après avoir entendu jouer Beethoven, il dit à ses amis : « Ne perdez pas de vue ce garçon ».*

71

LA MUSIQUE

Ci-contre, haut :
Franz Schubert (1797-1828) impressionnait Beethoven qui se délectait avec le grand nombre des beaux lieder *composés par le jeune musicien.*

Ci-contre : *Igor Stravinski appartint à un certain moment à la minorité qui n'appréciait pas la musique de Beethoven. Plus tard, il devait changer d'avis.*

Ci-dessus : *Une page du manuscrit de la Sonate Appassionata.*

bassonistes, deux seulement étaient présents. Le prince Lobkowitz, mécène et ami du compositeur, émit l'opinion que l'on pouvait se contenter de deux. En dépit de ses bonnes résolutions, Beethoven maugréa, insatisfait de la remarque du prince et cette nuit-là fut orageuse au palais. Beethoven rugit du bas de l'escalier : « Espèce d'idiot ! Espèce d'idiot ! »

La musique de Beethoven n'a été sérieusement remise en question que durant la période qui s'étend entre les deux guerres mondiales ; elle a même quelquefois été « éreintée », par un petit groupe de compositeurs, notamment Stravinski, Satie et Hindemith, alors que d'autres, parmi lesquels Benjamin Britten, s'en détournèrent après l'avoir adorée. En 1970, année du bicentenaire de la naissance du compositeur, le critique Peter Heyworth cita ses autres détracteurs moins connus. Ses « détracteurs » lui reprochaient, écrivait Heyworth, « son sérieux », ses assertions, sa lourdeur, sa tendance à ce qu'ils considéraient comme de la rhétorique moralisante », lui reprochant, en fait, presque tout ce qui s'était écrit après lui. Le grand Stravinski changea d'avis plus tard. Comme le faisait remarquer Heyworth, il est à peu près aussi intelligent de blâmer Beethoven pour les méfaits et les échecs du romantisme pendant l'extraordinaire période d'expansion musicale du XIXe siècle que de rendre Bismarck responsable des crimes d'Adolf Hitler.

Si l'on se penche sur la vie de Beethoven, et particulièrement sur sa jeunesse, on y découvrira beaucoup de contradictions. Il fut un enfant tout à la fois très malheureux et comblé ; sa vie de famille fut par certains côtés très heureuse et par d'autres profondément malheureuse. Mais, aussi fascinante que puisse être sa vie, ce qui compte est heureusement sa musique, joie et consolation de ses frères humains.

Beethoven était un travailleur prodigieux, pour le plus grand bonheur de ses millions d'admirateurs. Contrairement à Mozart et

LA MUSIQUE

Schubert, il semble que composer ait toujours été pour lui un travail difficile. Il serait oiseux de laisser entendre par là que la composition fut toujours aisée pour Mozart, mais, tandis que « Beethoven maniait un glaive, Mozart maniait une rapière ». A travers ses œuvres les plus importantes Beethoven avait toujours pour but l'Everest, tandis que Mozart, lui, se satisfaisait des innombrables splendeurs des Alpes. Dans son attitude face à la vie et à l'art, Beethoven fut, comme l'*Ulysse* de Tennyson, déterminé à avancer envers et contre tous :

« *Affaiblis par le temps et le sort mais forts par la volonté de lutter, de chercher, de trouver et de ne pas plier* ».

Cela donnera neuf symphonies ; sept concertos, dont cinq pour piano, un pour violon et un triple concerto pour violon, violoncelle et piano ; trente-deux sonates pour piano ; cinq sonates pour piano et violoncelle et dix pour piano et violon ; la magnifique *Messe en ré majeur* et la *Messe en ut* ; *Fidelio* ; cinq trios à cordes et sept trios avec piano ; un septuor pour cordes et instruments à vent, dix-sept quatuors à cordes ; de la musique de scène pour des pièces, dont la plus célèbre est l'ouverture d'*Egmont* ; et l'ouverture de *Coriolan*, peut-être encore plus belle. Il composa aussi des ouvertures de concert, une abondance de petites pièces pour piano ; des cantates et des chants, compre-

LA MUSIQUE

nant un premier cycle de *lieder* ainsi que des *Bagatelles, Rondos, Variations* et aussi *La Fantaisie pour piano, orchestre et chœurs*.

On trouvera plus loin une description plus détaillée d'un certain nombre d'œuvres de Beethoven, une sélection représentative, mais parmi les plus belles de sa production. Les dates en tête de chaque entrée renvoient à l'année ou aux années de composition des œuvres décrites. Cependant, la *Cinquième Symphonie* a été omise, en dépit de l'évolution dans l'intensité, qui tend à faire du finale le sommet de l'œuvre, car c'est sans aucun doute le premier mouvement de la *Symphonie Héroïque* qui demeure exemplaire dans ce sens.

QUATRIÈME CONCERTO POUR PIANO, opus 58 – 1805

Aucun concerto ne débute d'une manière aussi séduisante que le *Quatrième Concerto* de Beethoven. Cela ne rappelle aucun de ses autres concertos, car, dès le début même, le piano introduit le motif principal, délicat et d'une grande beauté. Un long passage d'orchestre en découle, joyeux et calme, qui gagne en puissance. Le deuxième motif ajoute au climat émotif jusqu'à ce qu'enfin le piano revienne. Suivent des passages de bravoure en forme de gammes chromatiques ; alors que déjà l'ensemble a pris de l'ampleur depuis les mesures initiales, mesures qui

Ci-contre : Daniel Barenboïm, un excellent interprète de Beethoven, jouant sur un instrument dont la puissance était inconnue du compositeur.

LA MUSIQUE

Ci-dessus : *Rodolphe Kreutzer (1766-1831) compositeur prolifique et excellent violoniste. Beethoven lui dédia la superbe sonate pour piano et violon qui porte son nom.*

continuent de marquer l'atmosphère unique de ce chef-d'œuvre particulièrement aimé. Cet extraordinaire mouvement est d'une infinie variété.

Liszt a donné une célèbre description du deuxième mouvement, comme étant une représentation d'Orphée domptant les Furies. Basil Deane affirme que le caractère poignant dont il est empreint est presque indescriptible. Il ne présente aucune difficulté, même à la première audition.

Le dernier mouvement, délicat, et explosif, fait montre d'une inépuisable invention. Beethoven laissa un ordre aux futurs interprètes : la cadence du dernier mouvement devait être courte. Il ne voulait pas que la vanité puisse abîmer une structure parfaitement pesée. Peu avant la fin, un passage, tout d'abord tendu, évolue vers la passion dans un tempo de plus en plus rapide ; et c'est la fin de cette œuvre miraculeuse. *Première exécution* : mars 1807.

SONATE N° 9 DITE « À KREUTZER »
en la majeur pour violon et piano
opus 47 – 1803

Vienne reçut en 1803 un visiteur inhabituel, George Polgreen Bridgetower, le fils mulâtre d'Auguste, page du prince Nicolas Esterhazy. Beethoven écrivit cette sonate pour Bridgetower, mais tous deux se fâchèrent à cause d'une femme, et c'est finalement Rodolphe Kreutzer qui en fut la dédicataire à sa place. La dédicace originale mérite cependant d'être mentionnée : *Sonate mulatique, composée pour le mulâtre Brischdauer, grand compositeur lunatique et mulatique.* « Si l'on souhaite des informations détaillées sur la *Sonate à Kreutzer*, on pourra consulter

LA MUSIQUE

Ci-dessus : Le Palais Lobkowitz à Vienne était la demeure du prince Franz Lobkowitz auquel Beethoven enseigna pendant un certain temps. La Symphonie Héroïque *lui est dédiée.*

l'article de Betty Matthews dans le nunéro de février 1968, de *The Music Review* intitulé « George Polgreen Bridgetower ».

On considère souvent que la *Sonate à Kreutzer* est la plus belle sonate jamais écrite jusque-là, une œuvre mieux faite pour le concert que pour l'interprétation en privé, à une époque où Vienne commençait à s'accoutumer aux concerts publics. Le splendide premier mouvement, profondément dynamique, reste unique dans l'opinion de beaucoup de mélomanes. Il atteint à son sommet dans un dernier thème magnifique qui domine tout le développement du mouvement.

Puis suivent de magnifiques variations sur un thème plein de grâce, bien que les sommets atteints dans le premier mouvement ne se retrouvent pas dans le second. Le dernier mouvement était à l'origine le finale de la *Sonate en la*, opus 30. Il ne constitue pas vraiment une fin appropriée. Marion Scott résumait brillamment cela lorsqu'elle écrivait que cette œuvre semble avoir débuté avec *Othello* et *Desdémone*, les personnages se transformant brusquement en *Figaro* et *Suzanne*, transformation rien moins qu'idéale.

Première exécution : 1803.

TROISIÈME SYMPHONIE
en mi B majeur, dite « HÉROÏQUE *»*
opus 55 – 1803-1804

Il était, à une certaine époque, de bon ton de déceler des messages dans la musique de Beethoven, notamment dans le *Scherzo* de l'*Héroïque*. On y a même « trouvé » une foule excitée attendant le héros, ou une foule inconstante, prête à l'abandonner, ou bien le printemps succédant à l'hiver, ou une foule dans l'attente de son héros, alors que celui-ci

LA MUSIQUE

Ci-dessus : Le général Bonaparte durant la Campagne d'Italie. Le mythe du libérateur des rêves de Beethoven sera anéanti par le conquérant impérial.

s'adresse à elle au cours du trio, ou bien encore d'autres « commentaires » du même ordre. En réalité, tout ce que nous avons vraiment besoin de savoir – et pour ceux qui souhaitent en savoir plus, le chapitre 11 de la biographie de Marion Scott répondra à ce désir – c'est que Beethoven avait voué à Bonaparte l'admiration que l'on porte aux héros, mais le désavoua complètement lorsqu'il devint l'empereur Napoléon. Il avait dédié cette grande symphonie à un héros républicain, mais arracha ensuite la dédicace. On lit sur la « *non dédicace* » : « Symphonie Héroïque, composée pour célébrer la mémoire d'un grand homme ». Le grand homme était toujours vivant, mais, aux yeux de Beethoven, il était mort.

La musique survit malgré tout cela, étant l'un des plus grands chefs-d'œuvre de Beethoven : un chef-d'œuvre qui changea le cours de l'histoire musicale. Le pas de géant que constitue le début, totalement différent de toute autre musique jamais écrite, est en lui-même une révolution, toujours stupéfiant, quel que soit le moment où on l'entend – de même que le reste du mouvement.

Cette montée musicale *nouvelle* se prolonge jusqu'à la marche funèbre, qui n'a été égalée que par la marche funèbre de « Siegfried » du *Crépuscule des dieux* de Wagner. Avec le scintillant *Scherzo*, c'est la première fois que le compositeur développe aussi largement un troisième mouvement, se plaçant ainsi à des « années-lumière » des menuets statiques, tandis que les appels de cor introduits de tonalité romantique dans le *trio* ajoutent une pure magie à la musique. Le *finale* se présente comme la fusion d'un thème et variations concluant somptueusement qui a précédé. Beethoven avait déjà exposé ce thème trois fois auparavant.

Viendront ensuite la *Quatrième Symphonie*, brillante et mélodieuse, puis la *Cinquième* qui réservera au dernier mouvement une place culminante dans la forme symphonique.

Première exécution : 7 avril 1805.

FIDELIO opus 72 – 1805-1806-1814 (1ère et 2e versions)

L'idéal spirituel de Beethoven l'incita a peu s'attacher à l'opéra. Bien qu'il ait beaucoup admiré Mozart, il déplorait le choix de ses sujets. Il trouvait *Don Giovanni* et même *les Noces de Figaro* « répugnants » et « trop frivoles », *La Flûte Enchantée*, naturellement, l'attirait plus.

Si la composition d'un grand nombre de ses œuvres fut une lutte, aucune ne lui donna plus de mal que *Fidelio*. Mais, étant Beetho-

LA MUSIQUE

Ci-contre :
Wilhelmine Schröder-Devrient (1804-1860), fut l'une des grandes chanteuses d'opéra du XIXe siècle. Sa composition de "Leonore" dans Fidelio de Beethoven est demeurée légendaire.

Ci-dessous : *La Révolution française marqua les arts autant que la politique. L'exécution du roi Louis XVI et le règne de la Terreur qui suivit bouleversèrent toute l'Europe. Se détachant sur ce fond tumultueux, Beethoven laissa sa marque incomparable sur la musique.*

LA MUSIQUE

ven, il produisit un chef-d'œuvre qui, à moins d'être désastreusement interprété, constitue toujours un événement aussi bien sur le plan musical que sur le plan dramatique. L'histoire est basée sur un fait authentique de la Révolution française : une épouse se déguisa en homme pour porter secours à son mari, prisonnier politique en France pendant la Terreur. L'intrigue de l'opéra, bon sujet mélodramatique, bouleversa profondément Beethoven. L'opéra débute comme un *singspiel*, avec des dialogues, et se termine en chef-d'œuvre sublime : c'est un drame musical authentiquement profond et émouvant.

L'ouverture, assez brillante, ne laisse en rien prévoir que l'émotion pourra atteindre de tels sommets dès le premier acte. Nous voyons Leonore qui, déguisée, en homme, est cause de ce que Marceline, la fille du geôlier Rocco, tombe amoureuse de « lui », alors qu'elle, Leonore, est occupée uniquement à retrouver et libérer Florestan, son mari. L'abominable gouverneur Pizarro – l'ennemi de Florestan – veut sa mort. Leonore s'est donnée pour nom Fidelio.

Pizarro arrive à la prison et donne libre cours à la joie qu'il éprouve de savoir que Florestan va bientôt mourir. Et Rocco est peiné d'apprendre que Florestan va bientôt être exécuté. Le grand air de Leonore, *Abscheulicher*, nous décrit amplement ses espoirs et ses craintes, avant que « Fidelio » ne parvienne à persuader Rocco d'accorder aux prisonniers un court moment de répit dans les jardins du château. Vient ensuite le splendide et poignant *chœur des prisonniers*, un cri d'espoir toujours aussi bouleversant qu'il l'était à l'époque de Beethoven. Pizarro fait son apparition et les prisonniers sont de nouveau plongés dans les ténèbres.

L'acte deux se situe dans le donjon où Florestan est emprisonné. Si Beethoven n'avait rien écrit d'autre, cette seule scène prouverait ce que l'opéra aurait ainsi perdu. Florestan, enchaîné, chante son désespoir ; il le vit littéralement ; puis il a la vision d'un ange qui ressemble à sa Leonore. Il retombe, exténué. Rocco descend dans le donjon, accompagné de Leonore qui l'a persuadé de la laisser l'aider à creuser une tombe. Bien qu'elle sache que le prisonnier peut *ne pas* être son mari, elle est déterminée à le sauver.

Florestan s'éveille et Leonore, le reconnaissant, défaille. Florestan apprend que c'est son ennemi Pizarro qui l'a fait emprisonner et demande qu'on lui envoie sa femme Leonore. « C'est impossible », dit Rocco. Pizarro ne tarde pas à arriver. Il se délecte à révéler à Florestan, avant sa mort, qui *est* son meurtrier ; mais comme il approche, Leonore hurle : « Arrière ! » et protège Florestan de son corps. Elle révèle qui elle est et, dans une

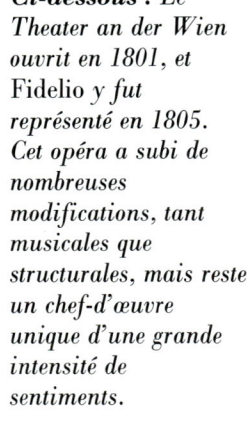

Ci-dessous : *Le Theater an der Wien ouvrit en 1801, et Fidelio y fut représenté en 1805. Cet opéra a subi de nombreuses modifications, tant musicales que structurales, mais reste un chef-d'œuvre unique d'une grande intensité de sentiments.*

Ci-contre : Anna Mildner-Hauptmann dans le rôle de "Leonore" du Fidelio de Beethoven. Elle fut la créatrice du rôle. Elle avait une voix ample "comme une maison", selon Haydn. Par malheur, elle manquait de talent en tant qu'actrice.

progression dramatique constante, l'œuvre atteint à son paroxysme. Pizarro s'apprête à tuer le mari et l'épouse, mais Leonore, brandissant un pistolet, dit qu'elle va elle-même le tuer ; au même moment, une trompette lance son appel : le Ministre arrive et justice va être rendue.

Beethoven a hissé au niveau d'une tragédie ce qui n'était qu'un excellent spectacle mélodramatique – chanté et déclamé. Se demandant ce qu'elle a dû endurer, Florestan s'adresse à Leonore à la fin : « Rien, mon Florestan ! » répond-elle d'une voix vibrante. La scène se termine par un duo purement enchanteur.

Don Fernando, le ministre, est prêt, et la scène nous transporte dans la cour du château. Beethoven accomplit des miracles d'enchaînements, si bien que, d'un summum de joie à l'autre, il ne se laisse jamais aller à la médiocrité de la répétition – et c'est un moment d'émotion suprême, lorsque Leonore délivre elle-même son Florestan de ses chaînes. Pizarro est totalement confondu. Seule Marceline se lamente, ayant découvert que son bien-aimé est une femme. L'ambiance de cette scène finale est martiale et étincelante.

Même si l'on admet que les premières versions de *Fidelio-Leonore* n'avaient pas été vraiment satisfaisante comparées à *Fidelio*, le rejet qu'émit la critique semble avoir été plus qu'injustifié. Il reste vrai que la version de 1805 est encore maladroite : les rôles d'hommes, par exemple, laissent à désirer, bien que les autres personnages soient plus typés.

La guerre atteignit Vienne – et les Français arrivèrent une semaine avant la soirée d'ouverture de *Fidelio*. La Cour et tous ceux de ses habitants qui le pouvaient avaient fui, et les rues étaient pleines de soldats français, se comportant très correctement, semble-t-il. Mais en présence de maigres réserves alimentaires et avec la crainte d'éventuels troubles dans les rues, les affaires marchaient mal

LA MUSIQUE

pour le théâtre. Parmi les Français, les officiers au moins rêvaient d'une soirée à l'opéra, bien que certains d'entre ceux qui auraient voulu s'y rendre aient été absorbés par les problèmes politiques. On compara défavorablement *Fidelio* aux opéras de Mozart et de Cherubini, et l'œuvre fut abandonnée après trois représentations.

Quoiqu'il en soit, alors que les choses redevenaient en quelque sorte plus normales sous l'occupation française, aristocrates et mélomanes réintégrèrent Vienne. On fit pression pour que *Fidelio* soit repris, tout en trouvant que Beethoven devrait consentir à de très importantes coupures.

Les nombreux amis de Beethoven finirent par se réunir, en particulier l'auteur dramatique von Collin, auteur de *Coriolan*, le frère de Beethoven, Caspar, Stefan von Breuning, et d'autres membres particulièrement actifs et connus de la société artistique. Röckl, l'interprète de Florestan, était arrivé récemment dans la capitale et put ainsi rencontrer Beethoven. L'assemblée ainsi réunie décida de *démanteler* l'opéra et de le reconstituer, procédé qui n'est pas inconnu dans le monde actuel du théâtre, avec cette différence que la pièce comprendrait moins d'éléments aristocratiques. On décida qu'il fallait réexaminer l'œuvre tout entière ; tous trouvaient que le travail en valait la peine. Le prince Lichnowsky était au piano, lisant la partition d'orchestre et Clementi se mit à accompagner l'opéra entier au violon, de mémoire. Il était célèbre pour sa stupéfiante mémoire et certains membres de l'assistance trouvaient cela normal, naturel. Beethoven entra dans une fureur bien compréhensible – une rage féroce, d'une violence qui surpassait ses habitudes. Par bonheur la princesse Lichnowsky, personne extrêmement compréhensive et affectueuse grâce à son tact et à son influence parvint à adoucir les choses. Au bout de six heures Beethoven était enfin d'accord pour couper trois passages dans le premier acte. C'est là une anecdote dont la véracité est aisément concevable pour les familiers du monde de l'opéra. Voici la suite de l'histoire. Très fatigués, tous finirent par passer à table, et Beethoven, en véritable professionnel qui

Ci-dessous : Il est rare que le Fidelio de Beethoven ne figure pas au répertoire des grands opéras du monde, y compris Covent Garden. Elizabeth Connell dans le rôle de "Leonore" et Klaus Konig dans celui de "Florestan", dans l'une des scènes les plus dramatiques de l'œuvre.

LA MUSIQUE

sait où arrêter la discussion, était – ou du moins semblait être – la personne la plus détendue de l'assistance. S'adressant à Röckl, son Florestan, il lui demanda ce qu'il mangeait. Röckl lui avoua qu'il n'en savait rien. Cela amusa Beethoven au plus haut point et il rugit « Il mange comme un ogre mais ne sait pas quoi ! » Ce fut certainement l'un des meilleurs moments de cette journée épuisante.

Première exécution : 1805.
Première exécution de la version définitive : 23 mai 1814

Un complément s'impose pour indiquer les grandes lignes de l'histoire un tant soit peu tourmentée de cet opéra.

A l'origine se situe une version allemande : *Leonore ou l'Amour conjugal*, originellement mise en musique par Gaveaux en 1798 ; puis par Paer pour une version italienne en 1804 ; ensuite par Mayr en 1805. Comprenant à l'origine trois actes, le livret de *Fidelio* fut ramené à deux en 1806 par Stefan von Breuning. Sa forme définitive, due à Georg Friedrich Treitschke, date de 1814. La première version fut représentée à Vienne, au Theater an der Wien, le 20 novembre 1805. Le 29 mars 1806 on en donna la seconde version dans le même théâtre, tandis que la troisième version était montée au Kärntnertor-Theater le 23 mai 1814. L'opéra fut représenté à Londres en 1823 pour la première fois, puis à New York en 1839. Beethoven com-

Ci-dessus : *La scène finale de* Fidelio : *l'une des scènes les plus puissantes jamais écrites. Sur la gauche Jon Vickers,* Florestan, *embrasse Linda Esther Gray,* Leonore – Fidelio.

Ci-contre : *Josef Joachim, le violoniste le plus populaire de son époque. Ce violoniste austro-hongrois fut un interprète célèbre du Concerto de Beethoven et les cadences qu'il écrivit pour cette œuvre sont fréquemment jouées. Il mourut à Berlin en 1907.*

LA MUSIQUE

posa trois versions de l'ouverture, connues sous les titres de Ouvertures de *Leonore I, II* et *III*, avant de parvenir à celle que l'on joue couramment maintenant : l'ouverture de *Fidelio*. Jusqu'à une époque assez récente, « ces » *Leonore* se trouvaient souvent insérées entre les deux dernières scènes de l'opéra sur les partitions de maints chefs de valeur variable, bien que cela ralentisse le drame à un point excessif.

CONCERTO POUR VIOLON en ré
opus 61 – 1806

Le *Concerto pour violon* de Beethoven fut le premier concerto *véritable* pensé vraiment pour cet instrument. Les *Romances pour violon et orchestre* du compositeur sont encore d'agréables pièces. Exigeant à l'extrême, son *Triple Concerto* ne satisfit pas vraiment Beethoven. Quelques comparaisons s'imposent : le *Concerto pour violon* de Mendelsshon, morceau de bravoure, est plus chatoyant mais cependant empreint d'une inspiration moins élevée. Le *Concerto pour violon* de Brahms, dans un moule beethovénien, se présente comme une œuvre parfaite, que le public adore. Cependant, le *Concerto* de Beethoven, apparemment plus simple de facture, domine par son inspiration sereine et sa richesse mélodique : c'est une œuvre absolument unique. D'aucuns trouvent que les quatre coups de timbales par lesquels il débute sonnent de façon un tant soit peu sinistre. Pour d'autres ils sont mystérieux. Ce prélude est suivi par un long passage orchestral, émouvant et beau, simple et tendre. Le deuxième thème exposé, plein d'émotion, est cependant d'une simplicité sublime.

Ici, comme dans tous les concertos de Beethoven, une place prépondérante est réservée au soliste, innovation capitale de la musique. Écoutez le fameux passage qui précède immédiatement le développement, un passage que le grand violoniste Joachim jouait si merveilleusement que ses auditeurs s'en souvinrent à jamais. Le mouvement lent, superbement traité, est un aspect éternel de la musique de Beethoven. Le dernier mouvement, un rondo, clôt ce concerto admirable. *Première exécution* : 1806

Ci-contre : *Nanette von Streicher – fille de Johann Andreas Steir – le célèbre facteur de pianos, offrit ce piano à Beethoven.*

LA MUSIQUE

OUVERTURE DE CORIOLAN
opus 62 – 1807

Cette ouverture, magnifique, puissante, n'a pas été inspirée à Beethoven par le *Coriolan* de Shakespeare, bien que sa musique d'un éclat austère soit digne du grand dramaturge.

Henrich Joseph von Collin n'avait rien d'un Shakespeare – mais il écrivit un grand nombre de pièces en vers sur des thèmes classiques. Sa courte vie se déroula pendant une période marquée par état de guerre presque permanent. Beethoven s'inspira de l'œuvre de Collin, son ami, pour composer ce chef-d'œuvre, qui constitue sans doute sa plus belle ouverture. Un seul thème reflète une émotion profonde, celui qui évoque Virgilia, l'épouse de Coriolan. Thème qui s'oppose totalement au personnage de Volumnia, à celui de la mère du héros maudit, assoiffée de sang.

La violence de la musique, sauvage et contenue, est unique dans l'œuvre de Beethoven. Si aucune musique de Beethoven ne devait survivre à l'exception de celle-ci, musiciens et mélomanes auraient malgré tout connaissance d'un génie exceptionnel.

Première exécution : 1807

CINQUIÈME CONCERTO POUR PIANO
en mi bémol, dit « L'EMPEREUR »
opus 73 – 1809

Le cinquième et dernier concerto pour piano de Beethoven date de 1809. Quel chemin glorieux accompli depuis son second concerto pour piano – écrit avant celui qui est officiellement baptisé premier ! Nous avons signalé la perfection du *Quatrième Concerto*, et le *Cinquième*, quoique très différent, ne peut pas être séparé de celui qui l'a précédé : même fougue et même ampleur. Ce sont, chacun à leur manière, des sommets jumeaux dans l'ensemble unique de ce que Beethoven a composé pour le piano et l'orchestre.

Le qualificatif « Empereur » ne fut pas

Ci-contre : *Il est possible que la baronne Dorothée von Ertmann soit aussi l'« Immortelle Bien-Aimée », mais ce n'est qu'une hypothèse parmi d'autres. Elle fût sûrement une excellente pianiste.*

donné par Beethoven, il convient cependant très bien à cette œuvre. Les premier et dernier mouvements peuvent difficilement être égalés. Dès le début, d'amples accords arpégés amènent un thème d'une réelle puissance dramatique et mélodique ; le second motif, amplifié par l'usage remarquable que le compositeur fait des cors, ajoute à sa beauté dramatique. Le piano, fondu avec tout l'orchestre, fait cependant passer toutes les nuances de l'âme du musicien.

L'obsédant deuxième mouvement débute calmement, par un long thème lent, et le piano se joint doucement à l'orchestre dans un motif d'une limpide beauté – exceptionnelle même chez Beethoven. À la fin de ce mouvement, quand Beethoven passe du *si naturel* au *si dièse*, l'auditeur vit un instant de pure *magie musicale* ; puis vient le *rondo*, exceptionnellement orné et mélodieux. Le tempo ralentit juste avant la fin. Un roulement de tambour accompagne le piano. Puis le *Concerto l'Empereur* s'achève dans un éblouissement pianistique sur un adieu venant de l'orchestre.

Première exécution : 1809.

TRIO en si bémol majeur dit à L'ARCHIDUC, opus 97 – 1811

Ce *trio* est l'une des œuvres les plus connues de Beethoven, de même qu'un de ses chefs-d'œuvre. L'audition du premier mouvement pourrait fort bien convertir les malheureux que la grâce n'aurait pas touchés et qui penseraient que la musique de chambre est toujours difficile. La musique de chambre est une forme d'art intime et élevée : ce *trio* en constitue une excellente introduction.

Il fut composé en mars 1811, après que quelques essais eussent été esquissés l'année précédente. Il ne fait aucun doute qu'il ait joué en privé très rapidement, mais il fut donné en public pour la première fois le 11 avril 1814 avec pour interprètes un splendide trio, conduit par Schuppanzigh, avec Linke au violoncelle et Beethoven au piano.

Ce fut là l'une des dernières apparitions de Beethoven au piano, et semble avoir été désastreuse. Spohr ne fut pas le seul à s'en trouver profondément chagriné, ce fut aussi le cas d'Ignaz Moscheles, lui-même compositeur et pianiste. Ce dernier comprit aussitôt la qualité de l'œuvre. Il remarquait que certaines pièces étaient réputées nouvelles, mais que celles de Beethoven l'étaient *réellement*.

Après le premier mouvement vient un *scherzo* délicat, le *trio* qui suit étant un peu plus appuyé, puis nous revenons au *scherzo*. Cette musique est la grâce inégalée.

Puis vient le troisième mouvement, tout d'équilibre et de passion contenue. (Franz Liszt décida, des années plus tard, de l'orchestrer pour « ouvrir » sa *Cantate pour la célébration du Centenaire de la naissance de Beethoven*, qui fut jouée le 29 mai 1870).

Ce chef-d'œuvre se termine par un rondo animé, ponctué cependant par quelques passages plus graves rappelant le deuxième mouvement. C'est une œuvre particulièrement aimée.

Première exécution : 1814.

SEPTIÈME SYMPHONIE en la majeur opus 92 – 1812

Wagner définit lapidairement la *Septième Symphonie* de Beethoven comme l'*Apothéose de la danse*, et il lui arriva même, se trouvant à Venise, de danser sur sa musique, accompagné par Liszt. Elle fut terminée en 1812 et jouée pour la première fois le 8 décembre 1813, au cours d'un célèbre concert de charité donné pour les blessés de la bataille de Hanau ; au cours du même concert fut également interprétée *La Bataille de Vitoria*. La « musique à programme » et la nouvelle

LA MUSIQUE

Ci-dessus : *La bataille de Valmy eut lieu en 1792 ; Goethe, le futur ami de Beethoven, s'y trouvait. Beethoven s'enthousiasma d'abord pour la Révolution française à ses débuts puis pour Bonaparte.*

Ci-contre : *Richard Wagner (1813-1883) fut, musicalement, l'un des héritiers de Beethoven. On lui doit la fameuse définition : « l'apothéose de la danse », pour la Septième Symphonie.*

LA MUSIQUE

symphonie connurent un égal succès, les Viennois étant un public capable d'apprécier l'une comme l'autre.

La *Septième Symphonie* commence par une introduction lente, puis les bois introduisent l'un des thèmes les plus parfaits que compte la forme symphonique, repris par l'orchestre. Le second mouvement est lui aussi tout d'allégresse, et l'allure se maintient au cours du développement. Après ce développement joyeux, la musique, de plus en plus « dansante », parvient à une réelle apothéose. Peu de codas, même chez Beethoven, atteignent des sommets aussi allègres, aussi étourdissants que celle-ci.

Le deuxième mouvement, l'un des plus célèbres, et qui compte parmi *les plus inspirés* de Beethoven, est d'une grave beauté et a séduit le public depuis sa première audition à Vienne ; il porte l'indication *allegretto*.

L'exubérance du *scherzo* contraste magnifiquement avec un *trio* au charme calme, qui progresse jusqu'à un impressionnant sommet. Gordon Jacob décrit avec bonheur le finale comme « une véritable orgie bachique » – exprimée dans les limites de la forme sonate. Cette symphonie a toujours joui d'une immense popularité.

Première exécution : 8 décembre 1813.

MESSE en ré : « MISSA SOLEMNIS » opus 123 – 1822

Si l'on considère que la *Missa Solemnis* est l'une des œuvres les plus dramatiques, les plus vastes et les plus *spirituelles* qui aient jamais été conçues et exécutées, on peut dire qu'elle demeure encore trop mal connue. Celui vient peut-être de la grande difficulté qu'elle représente pour les chanteurs, et des très nombreuses répétitions qu'elle suppose.

Après une courte introduction orchestrale, le *Kyrie* éclate, empreint de majesté et de sentiment, formant peu à peu la base d'un grand édifice sonore. C'est là une musique forte, émotionnellement chargée ; puis nous avons avec le *Gloria* l'un des cris de louange les plus chargés d'intensité de toute la musique. Après un puissant passage fugué, jaillit une expression littéralement criée de : *Gloria ficamus*. Le beau *Qui tollis*, tout de douceur, réserve aux mots un usage plein d'expression, tandis qu'après une fugue géante et d'autres admirables passages cette partie se termine par trois. *Gloria !* pour lesquels le compositeur a réservé aux chœurs et aux fanfares une part imposante.

Le *Credo* atteint peut-être une dimension encore plus vaste que le *Gloria*, le chœur

Ci-contre :
Jean-Sébastien Bach (1685-1750), l'un des plus grands pères-fondateurs de la musique allemande : son influence fut grande sur ses successeurs, dont Beethoven.

Page précédente :
La maison de Beethoven à Mödling, où il travailla à la Missa Solemnis.

LA MUSIQUE

répétant la profession de foi maintes et maintes fois. *Et incarnatus* se présente comme un passage particulièrement beau, comme l'a noté William Mann : l'orchestre semble dépeindre l'élévation de la Croix. Le drame de la Passion est magnifiquement évoqué, suivi par la gloire de la Résurrection : *Resurrexit*. Toute cette partie s'achève sur un passage fugué dont les paroles austères donnent toute sa valeur à cette fin monumentale.

Contrairement à ceux de Bach, de Mozart ou de Verdi, le début du *Sanctus* est calme et solennel : magnifique exemple de musique sacrée. Puis les cieux semblent s'ouvrir dans un jaillissement majestueux. On entend alors un *Prélude* particulièrement beau, rendu par les flûtes et les bassons, accompagnés des cordes. Pour rendre présent le mystère de la transsubstantiation (le pain et le vin devenant le corps et le sang du Christ), Beethoven nous offre l'une de ses plus belles pages, très proche d'un mouvement lent de son *Concerto pour violon*. Dans le *Benedictus* le chœur entonne de nouveau *Hosanna* tandis que le violon l'accompagne avec des accents vraiment célestes. Le miracle s'achève.

Puis vient l'*Agnus Dei*, un passage sombre, auquel succède un *Miserere* clamé avec beaucoup de solennité, cependant que d'autres voix répètent la prière à trois reprises. Beethoven ménage alors une période toute de calme et de paix. Lui succèdent des sonorités guerrières rendues par trompettes et tambours.

Cette œuvre monumentale s'achève sur des roulements de timbales, puis par des mesures qui se veulent annonciatrices de paix.

Première exécution : 1824.

NEUVIÈME SYMPHONIE
en ré mineur avec chœurs
opus 125 – 1823

La *Huitième Symphonie* de Beethoven avait été la plus courte de ses symphonies, une pièce pleine de brillance avec un retour vers le passé ; un menuet en guise de troisième mouvement, par exemple. La *Neuvième Symphonie*, par contre, se présente comme une véritable cathédrale sonore.

L'auteur de ces lignes tient à faire remarquer que sa première rencontre avec la *Neuvième* – au Royal Albert Hall – peu après la fin de la Deuxième Guerre mondiale – compte parmi les grandes expériences de sa vie. Elle clôturait un cycle des symphonies de Beethoven dirigées par le grand chef Victor de Sabata.

Amour et fraternité sont les thèmes du célèbre dernier mouvement, la vision de l'âge

Ci-contre : Otto Klemperer *(1885-1973) est considéré comme l'un des plus grands chefs beethovéniens. Il est heureux que le disque existe pour nous conserver ses qualités.*

d'or du monde. Certains critiquent cette mise en musique de l'*Ode à la Joie* de Schiller ; Martin Cooper nous remet cependant en mémoire que Schiller n'invoquait pas la joie *(Freude)* mais la Liberté *(Freiheit)*.

Parry disait du mouvement lent que c'était le plus bel exemple musical de thème et variations. Ce mouvement comporte en fait deux thèmes différents : l'un est en forme d'hymne, l'autre un passage tendre et exquis, les deux thèmes changent semble-t-il de caractère. Puis la fanfare introduit la coda qui se fond dans une tranquille beauté.

Nous découvrons ensuite l'introduction du grand mouvement avec chœurs, qui commence par une exposition du thème universellement connu. Un drame fantastique semble s'accomplir, utilisant des rappels des passages précédents. Tous se dissolvent et nous concevons déjà ce qui va suivre : d'abord avec les violoncelles et contrebasses, puis à travers tout l'orchestre.

Ci-contre : Friedrich von Schiller (1759-1805), génial dramaturge et poète allemand, fut à l'origine de nombreuses intrigues d'opéras, en particulier Don Carlos de Verdi et, surtout, inspira Beethoven avec sa célèbre "Ode à la joie" : point suprême de la Neuvième Symphonie.

LA MUSIQUE

Ci-dessus : *Sir George Smart (1776-1867) chef d'orchestre réputé, fut un ami de Beethoven. C'est dans sa maison que mourut Weber.*

L'un des chœurs les plus célèbres de l'histoire de la musique est prêt à éclater avec force, d'une façon grandiose. L'orchestre tout entier reprend le sublime hymne. Puis tout semble se dissoudre dans un chaos sonore. Beethoven confie alors le finale à la voix humaine : « Ô, Joie », lance le soliste. Le baryton entonne alors l'ode, que reprend le chœur. Le ténor interprète ensuite un fragment de marche vigoureux et entraînant, ponctué par un interlude orchestral. La fraternité universelle est exaltée par les chanteurs. Un chœur formé de deux thèmes simultanés nous plonge dans un calme nostalgique ; puis éclate la dernière intervention des solistes, et les chœurs se joignent à l'ensemble. Une véritable explosion symphonique domine ce passage avant de s'apaiser encore dans une extraordinaire brillance lyrique. Enfin la *Neuvième Symphonie* se clôt par un *prestissimo* débordant de joie.

Première exécution : 17 mai 1824.

QUATUOR N° 12 en mi bémol majeur opus 127 – 1824

Beethoven termina ce quatuor d'une grande beauté à la fin de 1824. C'était le premier des cinq quatuors qui bouleversèrent totalement la forme traditionnelle du quatuor et que beaucoup de musicologues et de mélomanes considèrent tout à la fois comme ses derniers et ses plus grands chefs-d'œuvre. C'est aussi un merveilleux adieu à son passé, une œuvre magistrale, venue d'un Beethoven le plus secret et le plus profond.

Ce quatuor commence par un saisissant prélude, repris dans deux tonalités différentes, puis suit une superbe mélodie apaisée.

LA MUSIQUE

Ci-contre : *Le grand chef Otto Klemperer au cours d'une répétition pour l'exécution de la Neuvième Symphonie de Beethoven.*

Vient ensuite un sublime mouvement lent ; variations d'un sentiment intime, empreintes d'une poignante émotion. S'élève alors des cordes un long et fascinant *scherzo*, caractérisé par des changements de tempo saisissants et d'aussi saisissantes surprises mélodiques. Le mouvement final déborde de confiance absolue en la vie ; il est tantôt tumultueux, tantôt apaisé. Le finale survient presque abruptement. Le grand maître des sons savait parfaitement à quel moment il se devait d'arrêter.

INDEX

A

Adélaïde 54
Albrechtsberger, Johann Georg 19, 57

B

Bach, Jean-Sébastien 89, 90
Baden 64, 65
Bagatelles 75
Barbier de Séville, Le (Rossini) 50
Bataille de Vitoria, La ou *La Victoire de Wellington*, op. 91 27, 29, 40, 86
Beethoven, Caspar van (frère de Ludwig) 9, 82
Beethoven, Johann van (frère de Ludwig) 65, 68
Beethoven, Johann van (père de Ludwig) 8, 9
Beethoven, Johanna van (belle-sœur de Ludwig) 41, 65
Beethoven, Karl van (frère de Ludwig) 41
Beethoven, Karl van (neveu de Ludwig) 40, 41, 42, 43, 47, 60, 64, 65
Beethoven, Nikolaus van (frère de Ludwig) 9
Berlin 20, 21
Berlioz, Hector 30, 50
Bernhard, Frau von 32-33
Böhm, Joseph 60, 63
Bonn 7, 8, 10, 11, 12, 13, 15, 19, 71
Brahms, Johannes 67, 84
Breitkopf et Härtel 38
Brentano, Bettina 36
Breuning, Gerhard von 47
Breuning, Stefan von 65, 68, 82
Breuning (Famille) 13
Bridgetower, August 76
Bridgetower, George Polgreen 76
Britten, Benjamin 73
Brunswick, Joséphine von 23
Brunswick, Thérèse, comtesse von 23, 56
Burghtheater, Vienne 13

C

Cantate pour la célébration du Centenaire de la naissance de Beethoven, 1870 (Liszt) 86
Cantates 74
Cimetière central de Vienne 67
Chants 74
Cherubini, Luigi 58, 59, 82
Clementi, Muzio 16, 82
Closson, Ernest 8
Collin, Heinrich Joseph von 29, 82, 85
« Compagnon de la Musique d'Oxford, Le » 71
Concerto pour piano n° 1 en do majeur, op. 15 85
Concerto pour piano n° 2 en si bémol majeur, op. 19 19, 85
Concerto pour piano n° 3 en do mineur, op. 37 28, 29
Concerto pour piano n° 4 en sol majeur, op. 58 75-76, 85
Concerto pour piano n° 5 en mi bémol majeur dit « L'Empereur », op. 73 16, 85-86
Concerto pour violon en ré majeur, op. 61 74, 84
Concerto pour violon (Brahms) 84
Concerto pour violon (Mendelssohn) 84
Congrès de Vienne, Le 44
Connel, Elizabeth 82
Cooper, Martin 91
Cramer, J.B. 16
Crépuscule des dieux, Le (Wagner) 78
Czerny, Carl ou Karl 16, 17, 54, 56

D

David, Jacques-Louis 31
Deane, Basil 76
Delacroix, Eugène 11
Diabelli, Anton 61, 62
Dictionnaire de la Musique et des Musiciens (Grove) 71
Don Giovanni (Mozart) 78
Dragonetti, Domenico 57
Dressler, Ernst 10
Duport, Jean 20

E

Egmont (musique de scène), op. 84 30, 74
Eisenstadt 18
Élément flamand dans Beethoven, L' (Closson) 8
Erdödy, comtesse Anna Maria von 38, 40
Esterházy, prince Nicolas 18, 76
Esprit du temps, L' (Zeitgeist) 16
Euryanthe (Weber) 33

F

Fantaisie pour piano, orchestre et chœurs, op. 80 40, 50, 75
Fidelio (opéra), op. 72 29, 33, 43, 50, 71, 74, 78, 79, 80, 84
Flûte enchantée, La (Mozart) 78
Forêt viennoise, La 46
Förster, Aloys 57, 59
Frédéric-Guillaume II, roi de Prusse 20, 21
Freischütz, Der (Weber) 33, 50, 60

G

Galitzine, prince Nicolas 51, 63, 64
Gallenberg, Giulietta von 54
Gaveaux, Pierre 83
Godesburg 13
Goethe, Johann Wolfgang von 22, 30, 36, 37, 38, 87
Griesinger, Georg August 22
Grove, George 71
Guicciardi, comtesse Giulietta 22-23, 55

H

Haendel, Georg Friedrich 22, 59, 60
Hanau, bataille de 86
Haydn, Joseph 13, 15, 18, 19, 22, 71
Heiligenstadt 25, 26, 27
Heiligenstadt, *Testament d'* 25, 26, 27
Heyworth, Peter 73
Hindemith, Paul 73
Hoffmeister, Franz Anton 24
Holz, Karl 51
Homère 38
Hüttenbrenner, Anselm 45, 68

I

Improvisation 16
Isabey, Jean-Baptiste 44

J

Jacob, Gordon 89
Joseph II, empereur d'Autriche 10, 12
Jour où toutes les âmes seront égales, Le 68

K

Kärntnertor-Theater 83
Kauffman, Angelica 54
Klein, Franz 49
Kloeber, August von 52
Konig, Klaus 82
Kreutzer, Rodolphe 76

L

Lampi, J.B. 23, 54
Landon, H.C. Robbins 51
Lawrence, Sir Thomas 27
Leonore, ou *L'Amour conjugal* 83
Léopold II, empereur d'Autriche 12
Lesueur, Jean-François 30
Lichnowsky, prince Moritz von 19, 20, 32, 82
Lichnowsky, princesse Marie von 19, 20, 82
Liechtenstein, prince Joseph 54
Liechtenstein, princesse Joséphine 54
Lieder 75
Linke, Joseph 86
Liszt, Franz 16, 17, 50, 76, 86
Lobkowitz, prince Franz Joseph 22, 73, 77
Londres 15, 16, 27, 49, 60, 61, 62, 68
Louis XVI, roi de France 13, 79
Lyser, J.P. 47

M

Maelzel, J.N. 29
Magazin der Musik 10
Mahler, Gustav 71
Mahler, W.J. 23
Mann, William 90
Messe en ut majeur, op. 86 74
Messe en ré majeur, op. 123 : voir *Missa Solemnis*
Matthews, Betty 77
Maximilien Franz, Archiduc, Électeur de Cologne 10, 13
Mayr, Johann Simon 83
Mechelen 8
Mendelssohn, Félix 84
Missa Solemnis en ré majeur, op. 123 50, 62, 63, 74, 89-90
Mödling 50, 89
Moscheles, Ignaz 86
Mozart, Constance 19
Mozart, Wolfgang Amadeus 8, 10, 13, 19, 40, 54, 60, 71, 73, 74, 78, 82, 90
Music Review, The 77

N

Napoléon Bonaparte 27, 31, 35, 36, 38, 78
Neefe, Christian Gottlob 9, 10, 11
Noces de Figaro, Les (Mozart) 78

O

Ode à la joie, L' (Schiller) 91
Ouvertures
   Anniversaire, op. 115 62
   Consécration de la maison, La, op. 124 63
   Coriolan, op. 62 29, 74, 85
   Egmont, op. 84 74
   Fidelio, op. 72 80, 84
   Leonore nº 1, op. 138 84
   Leonore nº 2, op. 72 84
   Leonore nº 3, op. 72 84
   Roi Etienne, Le, op. 117 62
   Ruines d'Athènes, Les, op. 113 62
Ouvertures de concert 74

P

Paer, Ferdinando 83
Panharmonicum 29
Paris, 13, 16
Parry, Hubert 91
Pfeifer, Tobias 9
Philharmonic Society of London 49
Platon 38
Potter, Cipriani 56, 57, 58, 59, 60
Prague 20

Q

Quatuor à cordes nº 12 en mi bémol majeur, op. 127 93
Quatuors à cordes 29, 51, 74, 93

R

Rauhenstein, Château de (Baden) 64, 65
Razumowski, prince Andreas 26, 29
Razumovski, palais 33
Révolution française, La 11, 13, 79, 80, 87
Ries, Ferdinand 19, 20, 62
Ries, Franz 11, 19
Röckl, Joseph 82, 83
Rodolphe, archiduc d'Autriche et archevêque d'Olmütz 33, 38, 40, 86
Romances pour violon et orchestre 84
Romantisme 71
Rondos 75
Rossini, Gioacchino 50, 61
Rousseau, Franz Jakob 10
Royal Albert Hall (Londres) 90
Royal Philharmonic Society 49
Russell, John 52, 54

S

Sabata, Victor de 90
Salieri, Antonio 19
Satie, Erik 73
Schiller, Friedrich von 90, 91
Schindler, Anton 64-65
Schlösser, Louis 40
Schubert, Franz 40, 45, 52, 62, 64, 68, 71, 72
Schuppanzigh, Ignaz 51, 86
Scott, Marion 8, 77
Septuor en mi bémol majeur, op. 20 57, 74
Shakespeare, William 29, 38, 85
Société Philharmonique de Londres, puis Société Philharmonique Royale de Londres 49, 50, 62, 68
Sonate pour piano en fa mineur dite « Appassionata », op. 57 29, 72
Sonate pour piano en do dièse mineur dite « Au Clair de Lune », op. 27 nº 2 23, 55
Sonate pour piano en si bémol majeur « Hammerklavier », op. 106 40
Sonate pour piano en do mineur dite « Pathétique », op. 13 54
Sonate pour piano en do majeur dite « Waldstein », op. 53 29
Sonate pour violon en la, op. 30 77
Sonate pour violon et piano nº 9 en la majeur dite « A Kreutzer », op. 47 76-77
Spohr, Louis 43, 44, 86
Stein, Johann Andreas 84
Steiner et Cie 45
Strauss, Richard 71
Stravinski, Igor 72, 73
Streicher, Johann von 41, 57
Streicher, Nanette von 41, 57
Stumpff, Johann Andreas 60-61
Symphonies 29, 74
Symphonie nº 2 en ré majeur, op. 36 28, 29
Symphonie nº 3 en mi bémol majeur dite « Héroïque », op. 55 29-30, 35, 75, 77-78
Symphonie nº 4 en si bémol majeur, op. 60 78
Symphonie nº 5 en do mineur, op. 67 29, 40, 71, 75, 78
Symphonie nº 6 en fa majeur dite « Pastorale », op. 68 40, 45, 61
Symphonie nº 7 en la majeur, op. 92 43, 45, 86, 87, 89
Symphonie nº 8 en fa majeur, op. 93 90
Symphonie nº 9 en ré mineur (avec chœurs), op. 125 30, 50, 62, 63, 64, 90-92

T

Tennyson, Alfred, Lord 74
Thalberg, Sigismund 63
Theater an der Wien 40, 80, 83
Thomson, George 62
Toeplitz 36, 37, 38
Treitschke, Georg Friedrich 83
Trio en si bémol majeur dit « A l'Archiduc », op. 97 86
Trios à cordes 74
Trios avec piano 74
Triple Concerto pour piano, violon et violoncelle en ut majeur, op. 56 74, 83

U

Umlauf, Ignaz 63
Unger, Caroline 63

V

Variations 75
Variations Diabelli, Les (33 variations pour piano en do majeur, op. 120) 61, 62
Verdi, Giuseppe 90
Victoire de Wellington, La ou La Bataille de Vitoria, op. 91 27, 29, 40, 86
Vienne 11, 13, 15, 18, 19, 25, 26, 29, 32, 35, 38, 40, 43, 44, 45, 49, 51, 56, 58, 59, 60, 62, 65, 66, 67, 68, 77, 80, 81, 82, 83, 88

W

Wagner, Richard 28, 86, 87
Währing, cimetière de 68
Waldstein, comte 12, 13
Weber, Carl Maria von 33, 50, 60, 92
Wegeler, Franz 23, 24, 27
Wellington, duc de 27, 29

Z

Zeitgeist (L'esprit du temps) 16

REMERCIEMENTS

Archiv für Kunst und Geschichte 7 bas, 81 ; Clive Barda 82, 83 haut ; Barnaby's Picture Library 67 ; Bavaria-Verlag Bildagentur atpo Wien 46-47, A. Gruber 35 haut ; Beethoven-Haus 6, 7 haut, 13, 20, 23, 24, 48, 51, 60, 62, 63 bas, 66-67, 79 haut, 85 ; Beethoven-Haus, H.C. Bodmer Collection 14, 22, 38 bas ; Bibliothèque Nationale 72-73 ; Bildarchiv Foto Marburg 88 ; Bildarchiv Preussischer Kulturbesitz 16 haut, 21 bas, 30, 91 ; Bridgeman Art Library 11, 38 haut, 78, 79 bas, 86-87 ; Collections du Prince de Liechtenstein, Vaduz 18 haut, 54, 55 bas ; EMI 90, 92-93 ; E.T. Archive 26, 27 haut, 27 bas, 31, 42-43, 44 haut, 50-51 ; Mary Evans Picture Library 21 haut, 49 bas, 57 bas, 59, 72 bas, 83 bas, 87 bas, 89 ; Graphische Sammlung Albertina 12-13 ; Robert Harding Picture Library 18-19 ; Hulton 72 bas, Hulton-Deutsch Collection 58 bas ; Hunterian Art Gallery, University of Glasgow 19 ; Larousse 53 ; Lauros-Giraudon 35 bas ; Mansell Collection 44 bas, 47, 52, 58 haut, 72 haut ; Museen der Stadt Wien 39 ; National Portrait Gallery 92 ; Österreichische Nationalbibliothek 8, 9 haut, 9 bas, 16 bas, 17, 25 haut, 29, 32, 32-33, 33, 36, 41 haut, 41 bas, 45, 55 haut, 57 haut, 61, 64-65, 65, 68, 76, 76-77, 80, 84 ; Polydor 74-75 ; Royal College of Music 56 ; Scala 15 bas, 34, 71 bas ; Spectrum Colour Library 49 haut, 63 haut, 70 ; Staats- und Universitätsbibliothek, Hambourg 25 bas ; Stadtarchiv Bonn 10-11 ; Ullstein Bilderdienst 28-29, 36-37, 69 haut, 69 bas, 71 haut ; ZEFA 15 haut.